Causeries à l'ashram

Satsangs de Swami Paramatmananda

Tome 3

Mata Amritanandamayi Center, San Ramon
Californie, États-Unis

Causeries à l'ashram
de Swami Paramatmananda – Tome 3

Publié par
Mata Amritanandamayi Center
P.O. Box 613
San Ramon, CA 94583
États-Unis

———————————————— *Talks 3 (French)* ————————————

Première édition par le Centre MA : septembre 2016

En France :
Ferme du Plessis
28190 Pontgouin
www.ammafrance.org

En Inde :
www.amritapuri.org
inform@amritapuri.org

Préface

Dédié à
Jagadguru Mata Amritanandamayi Devi
avec une profonde dévotion
et un respect infini

Depuis 1968 Swami Paramatmananda a mené en Inde une vie de renoncement. Il s'y est installé à l'âge de dix-neuf ans pour s'imprégner de l'essence spirituelle de cette grande et ancienne culture. Il eut la chance de rencontrer au fil des années de nombreux sages et de vivre en leur compagnie. C'est en 1979 qu'il rencontra Celle qui allait devenir son *guru*, Mata Amritanandamayi. Etant un des disciples les plus anciens, il lui fut demandé de rentrer aux Etats-Unis pour diriger le premier ashram occidental, le Mata Amritanandamayi Center, où il résida de 1990 à 2001.

Pour de nombreux résidents et visiteurs de ce centre, les *satsangs* de Swami Paramatmananda constituaient un des points forts des programmes qui s'y déroulaient. Ils transmettaient les expériences vécues en Inde, sa compréhension des Ecritures et sa vie sur le chemin spirituel. Il réussit à faire une synthèse entre l'Orient et l'Occident, par ailleurs pleine d'esprit et d'humour, créant ainsi un forum où des gens issus de tous les milieux pouvaient découvrir la spiritualité et approfondir leurs connaissances dans ce domaine.

Ces *satsangs* étaient au départ présentés sous forme de cassettes, en voici la transcription et la traduction. Dans la mesure du possible, le style parlé et familier a été conservé. Voici un trésor de sagesse accessible aux générations à venir.

Editeur,
M.A. Math mai 2004

Table des Matieres

Christ, l'Avatar (2)

Pour la plupart des gens, la religion est une partie intégrante de leur culture. Ils naissent au sein d'une religion et ils la pratiquent ; cela fait partie de leur vie quotidienne. Mais pour un être spirituel, pour un chercheur spirituel, la religion ne fait pas simplement partie de la vie, elle n'en constitue pas un secteur ou un compartiment. C'est une question de vie ou de mort, qui l'occupe vingt-quatre heures sur vingt-quatre. Une telle personne a profondément réfléchi à la vie ; elle s'est efforcée de discerner entre le réel et l'irréel, essayant de découvrir où se trouve le bonheur durable. Tout le monde désire être heureux. Certains cherchent le bonheur dans un jeu ou dans un jouet. Pour d'autres, ce sont les vacances, leur situation dans le milieu des affaires ou autre chose encore qui représentent le bonheur. Mais en définitive, tout le monde veut la même chose : le bonheur. Et tout le monde goûte un certain bonheur ; le problème, c'est qu'il nous échappe, c'est qu'il s'agit d'une expérience passagère. Nous voulons que ce bonheur dure, mais il ne dure pas. Quoi que nous fassions, il nous glisse entre les doigts. Nous croyons qu'en répétant indéfiniment la même action ou en faisant différentes choses, nous parviendrons à retrouver l'expérience du bonheur mais en définitive, il nous faut bien constater que nous sommes incapables de trouver un bonheur permanent. Nous en avons le désir, mais nous n'en avons pas les moyens. Lorsque nous atteignons ce degré de compréhension de la vie, la vie spirituelle commence. Les paroles des Mahatmas ont alors sur nous leur plein effet. Que disent-ils ? Quelle que soit leur religion, que ce soit le christianisme, l'hindouisme, le bouddhisme ou l'islam, ils disent tous la même chose : la véritable béatitude est en Dieu, c'est la présence de Dieu, la béatitude est en nous et nulle part ailleurs. Mais ce n'est pas une expérience largement répandue. Pourtant, grâce à la foi que nous avons dans les paroles des Mahatmas, nous croyons qu'il en est bien ainsi. Et quand nous nous trouvons en présence d'un être éveillé comme Amma, nous ressentons quelque chose, nous avons alors une certaine expérience intérieure de cette vérité. C'est ainsi que la foi se développe.

Religion et spiritualité sont deux choses différentes.

Il se peut qu'une personne soit très religieuse, mais cela n'implique pas qu'elle soit engagée dans une démarche spirituelle. Bien des gens déclarent : « Je vais au temple, je vais à l'église et je lis les Écritures, j'accomplis des pujas (rituels) » ; il ne s'agit cependant pas de spiritualité, mais de religion. La spiritualité consiste à discerner entre le réel et l'irréel et à s'efforcer de réaliser Dieu. C'est ce que l'on appelle en Occident le mysticisme : on s'efforce d'avoir l'expérience directe de Dieu, de découvrir la béatitude divine qui est en soi, d'obtenir la connaissance transcendantale, de s'ouvrir au point de contempler l'univers entier en soi-même. En d'autres termes, la spiritualité, c'est la quête du Soi. Et quand nous essayons de parvenir à cette expérience, nous découvrons que ce n'est pas chose facile. Nous pouvons lire des livres qui en traitent, nous pouvons en parler, y penser, mais ces efforts restent dérisoires et ne nous permettent pas de réaliser le Soi.

L'aide maximum est la présence d'un avatar

Il est dit que la plus grande aide que nous puissions recevoir, c'est la compagnie d'une âme réalisée. Amma dit que celle d'un *avatar* constitue une aide encore plus puissante. Nous en parlions la semaine dernière.

Un *avatar* est un phénomène qui se situe dans la création, la création divine, tout comme les arbres, les plantes, les êtres humains et les animaux. Il fait également partie de la création et il ne s'agit pas d'un mutant. Tant qu'il y aura des êtres humains, l'Etre suprême s'incarnera sous la forme d'un *avatar*. Le mot *avatar* désigne celui qui descend de l'état de Conscience suprême jusque dans ce monde de la matière pour vivre et agir comme l'un d'entre nous. Pourquoi cet Etre tout-puissant ne pourrait-Il pas naître sous la forme d'un être humain et vivre comme tout le monde, pareil à un paquebot qui fait franchir l'océan de la transmigration à des milliers de personnes ? De tels êtres manifestent une puissance immense, surhumaine, une puissance spirituelle et même physique. Leur but essentiel est de nous montrer la direction à suivre et de nous mettre sur la bonne voie, parce que la majorité d'entre nous n'en a aucune idée. Nous voulons être heureux, nous faisons toutes sortes de choses dans ce but et nous ne savons rien de plus. Nous ne savons pas où nous allons, si nous suivons la bonne direction, si nous agissons de manière juste ou pas. En vérité, les êtres humains ne savent pas grand chose. Les *avatars* viennent donc nous montrer le chemin. Méditer sur un tel être, sur sa vie, sur ses paroles, c'est méditer sur la manière dont nous devons vivre, car ils nous en donnent un exemple pratique. Nous connaissons tous la vie d'Amma, combien elle a souffert sans jamais cesser d'adhérer aux principes élevés qui sont les siens. Suivre son exemple suffit à purifier le mental.

Il y a eu d'autres êtres comparables. Krishna, par exemple, et le Christ, dont nous allons parler. Il est fort intéressant de constater qu'Ils disent tous la même chose. Si vous prenez les paroles du Christ dans le contexte d'Israël il y a deux mille ans, dans la situation qui était la sienne, puis les paroles de Krishna dans le contexte de sa situation, vous voyez qu'ils disent la même chose. Amma affirme aussi que la Vérité est Une. Tous les *avatars*, tous les êtres réalisés, tous les *jivans muktas* (libérés vivants) sont unis à Cela, ne font qu'un avec Cela. L'électricité est une. Il y a peut-être des lampes, un ventilateur et différents appareils électriques. Tous ces objets manifestent la puissance électrique de différentes manières. Qu'il s'agisse d'une veilleuse ou d'une ampoule de mille Watts, l'électricité est la même. Ainsi, la Réalité est une, Brahman est un. Le corps et le mental des êtres réalisés diffèrent, mais la Vérité qu'ils connaissent est Une. Peu importe qu'ils soient chrétiens, hindous, bouddhistes ou adeptes de n'importe quelle autre religion. Dieu, Brahman, n'a pas de religion. Seuls les êtres humains ont une religion. Dieu n'a pas de religion.

L'importance de la dévotion envers les avatars

Si vous avez lu les paroles de Krishna et celles du Christ, vous savez qu'ils insistent sur l'importance de la dévotion qu'on leur montre. De notre point de vue, il y a là une certaine vanité. Pourquoi devrais-je croire en eux ? Mais ces êtres ont pleinement conscience de l'immensité de leur valeur. Prenons par exemple Ramana Maharshi. Alors qu'il était sur son lit de mort, Il insistait pour que l'on permette aux gens d'avoir son *darshan*. Ce n'était pas simplement par altruisme, c'est aussi qu'il connaissait la valeur de ce *darshan*. Nous ne pouvons pas imaginer à quel point il est précieux de rencontrer l'Etre suprême. Le *darshan* lui-même nous purifie des mauvaises actions commises au cours de nombreuses vies. Dans la Bhagavad Gita, il y a bien des versets dans lesquels Krishna déclare qu'il est l'être suprême. Le lecteur qui lit cela pour la première fois songe : « Il dépasse les bornes, comment peut-on affirmer une chose pareille ? » Amma dit : « Il faut comprendre la signification du « Je » qu'emploient les incarnations divines. Ils désignent ainsi le Principe suprême et non le « je » qui mesure un mètre cinquante. « Je » se réfère au Je infini qui embrasse tout, qui perçoit tout comme Un. Quand un *avatar* déclare : « Je suis Krishna », de quel Krishna parle-t-il ? Du Krishna qui est l'Etre suprême, qui est tout. Krishna est aussi Rama et le Christ. Quand un *avatar* dit « Je », nous comprenons de travers et nous croyons qu'il se réfère au petit individu, mais il parle de ce « Je » qui est le Principe suprême.

Quelqu'un a un jour demandé à Amma : « Amma, le prophète Mahomet a dit à ceux qui n'acceptaient pas sa voie qu'ils seraient sévèrement punis. Voilà ce qu'on nous a enseigné. Est-ce là une déclaration raisonnable ? » Amma a répondu : « Fils, on peut interpréter cela de manière différente. « Ma voie » signifie la voie qu'il suivait, la voie qui mène à l'Etre suprême. La punition sévère, c'est la souffrance engendrée par nos propres *vasanas*, c'est-à-dire nos habitudes, quand nous ne partons pas en quête de notre véritable nature. Quand Mahomet dit « ma voie », il ne se réfère pas au « moi » limité par le corps, mais plutôt au moi universel, éternel. En ce sens, la voie qu'il désigne est celle qui mène à l'Eternel. Essaye d'avoir une attitude bienveillante envers toutes les religions. Adopte leurs bons côtés au lieu de les critiquer. »

Dans la Bhagavad Gita, Sri Krishna dit la même chose, ainsi que le Christ dans la Bible comme nous allons le voir, il emploie le même langage. Il est très facile de parler ainsi, n'importe qui peut parler comme s'il était Dieu, mais tout le monde ne peut pas *agir* comme s'il était Dieu. Il faut en apporter la preuve. « C'est à ses fruits qu'on reconnaît l'arbre» comme dit le proverbe. Dans la Bhagavad Gita, Bhagavan Krishna déclare à ce sujet :

(Le dévot) « devient Brahman, le Soi suprême ; il ne connaît ni le désir ni l'affliction, il traite tous les êtres de manière égale et parvient à la dévotion suprême. Grâce à la dévotion, il me connaît, il sait en vérité ce que je suis et comment je suis. Puis, me connaissant en Vérité, il entre en moi, accomplissant toute action, quelle qu'elle soit, en prenant refuge en moi. Par ma grâce, il parvient à la demeure éternelle. Fixe éternellement ton cœur sur moi par la concentration mentale, me considérant comme l'Etre suprême, m'offrant mentalement toutes tes actions. Fixant ton cœur sur moi, par ma grâce, tu surmonteras toutes les difficultés. Mais si, par vanité, tu refuses de m'entendre, tu périras. »

Quand Bhagavan dit : « Tu périras », « Tu seras détruit si tu ne m'écoutes pas », il ne veut pas dire que la personne sera pulvérisée et n'existera plus jamais. C'est impossible. Le corps peut être anéanti, mais pas l'âme. Elle quitte le corps pour revenir ensuite dans un autre corps. Mais ce n'est pas ce qu'il entend. Comme Amma l'a dit : « Vos *vasanas*, vos tendances négatives engendreront une énorme souffrance si vous n'écoutez pas ce que je dis, si vous ne suivez pas mes instructions, parce que je ne parle pas par vanité, mais pour votre bien. »

« Fixe ton esprit sur moi, aie de la dévotion pour moi, vénère-moi, rend-moi hommage et tu par-viendras à moi. Je te déclare la vérité car tu m'es cher. Abandonnant tous les autres dharmas, prends refuge en moi seul. Je te libèrerai de tous tes péchés, ne t'afflige pas. Sache que les sceptiques qui ne suivent pas mon enseignement sont des insensés, voués à la destruction. Malgré toutes leurs connaissances, ils vivent dans l'illusion. »

Un tel langage est très difficile à accepter si nous ne croyons pas que Krishna est Dieu. Mais la vie de Krishna est remplie de miracles. Il a accompli des actions qu'aucun être humain ne peut espérer imiter. Il a attiré des milliers de gens et les a transformés. Il ne les a pas seulement attirés, car même un dictateur peut attirer les gens. Il les a transformés et ils sont devenus calmes, paisibles et remplis de béatitude. Nous avons l'exemple des *gopis*, de tant de grands dévots depuis des milliers d'années. Et par la grâce de Krishna, beaucoup sont devenus des saints en méditant sur lui. Un tel être ne s'est pas contenté de prononcer ces paroles, il a donné la preuve de sa nature divine.

Le Christ, lui aussi, était une personnalité tout à fait unique, parce qu'au cours des trois années de sa vie publique, sa grâce s'écoulait comme une rivière. Toute personne qui l'approchait avec sincérité voyait ses problèmes résolus. Nous allons donc lire ensemble quelques-uns des miracles accomplis par le Christ ; ces miracles permirent à ceux qui en furent les témoins d'avoir foi en lui. Le Christ dit souvent dans l'Evangile que celui qui croit en lui ne périra pas. Là encore, ce qu'il veut dire, c'est que si vous avez foi en un *avatar*, cette foi vous fera traverser l'océan de la transmigration.

« Des hommes apportèrent un homme paralysé sur une civière. Voyant leur foi, Jésus dit à l'homme : « Réjouis-toi, fils, car je t'ai pardonné. » A d'autres endroits de l'Evangile, on raconte que les gens venaient en foule. Comme quand Amma se déplace hors de Son village : cent, mille, et maintenant dix ou trente mille personnes affluent. Il est si rare qu'un tel être apparaisse sur terre et il y a beaucoup de problèmes, tout le monde a des problèmes. Quand les gens apprennent la nouvelle de leur venue, ils accourent. Le même phénomène s'est produit à l'époque du Christ. C'est peut-être le seul *avatar* à être apparu dans cette partie du monde.

Il nous faut parler de l'arrière-plan culturel de la vie du Christ, que nous n'avons pas même effleuré la semaine dernière. Le judaïsme était la religion officielle. Son fondateur est Abraham. Leur tradition compte de nombreux *Mah-atmas*, qu'ils appellent des Prophètes. Ces prophètes avaient prédit la naissance d'un *avatar*. Ils n'avaient pas donné de date mais ils avaient indiqué certains signes et de nombreux versets de l'Ancien Testament décrivent l'*avatar*, ses paroles et son destin. Les gens attendaient donc sa venue, et il faut dire que leur situation, à l'époque, était plutôt mauvaise : les Romains gouvernaient le pays, ils se montraient très cruels et ils tuaient sans motif, surtout les Juifs, qui constituaient la population locale.

Ils attendaient donc le Messie, le Sauveur. Et quand le Christ a fait tous ces miracles, que nul n'avait accompli avant lui, guérissant des milliers de malades, des possédés etc., le peuple a pensé que ce devait être lui ; hommes et femmes se sont donc précipités vers lui. Ils lui ont apporté cet homme, paralysé depuis longtemps. Le Christ se trouvait dans une maison, à ce moment-là, et il y avait une telle foule qu'il n'y avait pas moyen d'entrer. Avec Amma, c'est pareil : quand elle va donner *darshan* quelque part, il est parfois impossible de l'approcher. Alors qu'ont-ils fait ? Leur foi était si forte qu'ils ont monté l'homme sur le toit, sur une sorte de brancard, ils ont enlevé les tuiles et ils l'ont fait descendre par le trou, tant ils étaient sûrs que Jésus était bien l'*avatar* et qu'il allait le guérir.

Devant l'intensité de leur foi, il a dit : « Réjouis-toi, fils, car je t'ai pardonné. » Qu'a-t-il donc pardonné ? Eh bien le mauvais *karma* que cet homme avait hérité de ses vies passées, cause de sa souffrance actuelle. Cela signifie que c'est termi-né, que ses souffrances sont finies.

« Blasphème ! Cet homme affirme qu'il est Dieu ! » s'exclamèrent certains des chefs religieux dans leur for intérieur.

Qui peut pardonner le *karma* de quelqu'un ? Dieu seul le peut, pas l'être humain. Les Pharisiens, les prêtres juifs de l'époque, dirent : « Que dit cet homme ? C'est insensé ! »

La valeur des miracles

Jésus connaissait leurs pensées et il leur a demandé : « Pourquoi nourrissez-vous de si mauvaises pensées ? Je suis le Messie et j'ai autorité sur cette Terre pour pardonner les péchés. Mais il est facile de parler, n'importe qui peut faire une telle déclaration, je vais donc vous le prouver en guérissant cet homme. » Puis se tournant vers le paralysé, il lui ordonna : « Prends ton brancard et rentre chez toi car tu es guéri. » Une simple bagatelle en vérité : « Allez, lève-toi, tu peux partir », alors que cela faisait peut-être vingt ans que cet homme était allongé. « Lève-toi et marche. » Et l'homme a bondi de son lit et il est parti. Un frisson de peur parcourut la foule qui avait assisté au miracle. Et ils louèrent Dieu, qui avait donné une telle autorité à un être humain. Voilà la valeur des miracles, voilà ce qui peut inciter un être réalisé ou un *avatar* à accomplir un miracle. Ce n'est jamais dans leur propre intérêt. Ils n'ont rien à gagner. C'est pour que le Divin devienne aux yeux des êtres humains une réalité tangible, pour qu'ils comprenne que oui, Dieu existe, et que le fait de suivre les instructions données par les Ecritures ou par le *guru* a bien un sens. Le Christ accomplissait donc des miracles fabuleux. Le passage suivant va nous donner une idée de ce qui se passait en ce temps-là :

« Jésus retourna à la Mer de Galilée, Il grimpa sur une colline et s'y assit. Une foule immense arriva : on lui amenait les paralysés, les aveugles, les mutilés, les muets et bien d'autres handicapés. Il les guérit tous. » Imaginez un peu le spectacle ! « Ceux qui étaient incapables de prononcer un mot parlaient. Ceux à qui il manquait un membre le retrouvaient soudain. Les infirmes marchaient et sautaient. Les aveugles regardaient autour d'eux. La foule s'émerveillait et louait Dieu.

Jésus appela ses disciples et leur dit : « J'ai pitié de tous ces gens, cela fait trois jours qu'ils me suivent et ils n'ont plus rien à manger. Je ne veux pas les renvoyer affamés car ils risquent de s'évanouir en route. » Jésus est plein de compassion, il n'a aucune vanité. Nous imaginons qu'un être qui possède un tel pouvoir a beaucoup d'ego, mais non, il a de la compassion pour ces gens qui sont restés trois jours avec lui sans rien manger. Plus loin, le texte dit qu'ils étaient cinq mille. « Les disciples répondirent : « Nous sommes dans le désert, comment trouver de la nourriture en suffisance pour rassasier une telle foule ? » Jésus leur a demandé ce qu'ils avaient. « Nous avons sept miches de pain et quelques petits poissons », ont-ils répondu. Alors Jésus a fait asseoir tout le monde, il a pris les sept miches de pain et les petits poissons, il a rendu grâces à Dieu, les a coupés en morceaux, puis il a donné cela aux disciples qui ont distribué cette nourriture à la foule, et tout le monde a pu manger à sa faim, les cinq mille hommes, femmes et enfants qui étaient présents. Et quand on a recueilli les restes, on a rempli plusieurs paniers. Puis, Jésus a renvoyé les gens chez eux, il est monté dans un bateau et s'est rendu sur l'autre rive. »

Là, il emploie des paroles très fortes. Les Pharisiens voulaient la mort du Christ parce qu'il constituait une menace pour eux. Ils avaient le pouvoir. Ce n'étaient pas des êtres ayant reçu l'illumination, c'étaient de simples prêtres, mais ils détenaient la connaissance de cette religion et ils dominaient le peuple. Ils jouissaient d'une situation con-fortable. Et voilà que le Christ venait raconter toutes sortes de choses qui mettaient leur domination en péril. Il constituait une menace pour eux et ils voulaient donc le tuer. Ecoutez les paroles intrépides qu'il prononce : « Quand vous m'aurez tué, vous comprendrez que je suis le Messie et que je n'ex-primais pas mes propres idées, mais ce que mon Père m'a enseigné. » Qui est le Père d'un *avatar* ? Amma a un jour déclaré que quand le Christ dit « Père », il désigne Shiva. Le Christ était un dévot de Shiva. D'une manière similaire, Amma était une dévote de Krishna. Même les *avatars* ont le sentiment que la source de leur être est l'Etre infini. Qu'est-ce que cela implique ? Il n'est pas impossible que le Christ ait passé une partie de sa vie en Inde avant les événements qui sont rapportés dans les Evangiles. Les miracles qu'il accomplit et ses paroles sont très yogiques, typiques de quelqu'un qui a étudié le *raja yoga* et l'a maîtrisé.

Réglez-vous sur la fréquence de Dieu et du guru

« Et Celui qui m'a envoyé est avec moi....car je fais toujours ce qui Lui plaît. » Amma dit qu'un être réalisé est toujours sur la fréquence de Dieu. Les paroles qui sortent de sa bouche, les actes qu'il accomplit, tout cela vient de Dieu. Ils sont les instruments purs et parfaits de la volonté divine. C'est ce que Jésus déclare ici : tout ce qu'il fait plaît à Dieu, parce qu'il accomplit la volonté de Dieu. Alors bien des prêtres, des Pharisiens, crurent qu'il était le Messie. Et Jésus a dit : « Vous êtes réellement mes disciples si vous vivez comme je vous le dis ; vous connaîtrez la Vérité et la Vérité vous libèrera. » C'est ce que dit Amma. Il est impossible de déclarer : « Je suis un disciple d'Amma » et d'agir malgré tout à sa guise. On peut être un dévot d'Amma et agir à son gré, mais si vous voulez être un disciple, il faut faire ce qu'elle dit et conformer votre vie à ses idéaux. Un disciple parfait ne fait plus qu'un avec Amma. Si vos actions, vos paroles et vos pensées sont en accord avec l'enseignement d'Amma, alors, immanquablement, vous vous fondrez en Amma.

C'est comme une radio. Si vous désirez écouter une certaine musique, diffusée sur la fréquence 99, vous tournez le bouton de la radio jusqu'à ce que l'aiguille rouge soit exactement sur 99. Si elle se trouve un peu à côté, vous n'obtenez que des parasites.

De même, si le disciple n'est pas exactement sur la fréquence du *guru*, le son qu'il capte n'est pas clair ; la grâce ne se manifeste pas complètement en lui. Son mental provoque des interférences et il connaît une certaine souffrance. Mais quand nous sommes totalement réglés sur la fréquence du *guru*, alors sa grâce s'écoule à travers nous et nous savourons la béatitude de l'union avec Lui. L'essentiel, c'est que nos actions, nos paroles et nos pensées soient sur la fréquence du *guru* ou de son enseignement. Si nous y parvenons, alors, comme le dit le Christ, nous connaîtrons la Vérité et la Vérité nous libèrera. Quelle vérité ? La vérité avec un « v » majuscule ou minuscule ? Avec une majuscule. Et de quelle libération parle-t-il ? De la Libération du cycle des naissances et des morts, de nos limitations, afin que nous ne fassions plus qu'un avec l'Etre suprême. Une si petite phrase contient tout cet enseignement. Alors les Pharisiens dirent : « Mais nous sommes les descendants d'Abraham, et nous n'avons jamais été les esclaves de quiconque sur terre. Que veux-tu dire quand tu parles de liberté ? » En d'autres termes, ils comparent le disciple à un esclave qui abandonne sa volonté propre pour obéir à un maître. Eh bien je suppose que, vu de l'extérieur, c'est ce qui arrive. Mais l'expérience intérieure du disciple, c'est qu'il est libéré de ses limitations, de ses mauvaises habitudes, et qu'il ressent la Présence divine. Il savoure la béatitude, il goûte la connaissance. C'est pourquoi il est prêt à se soumettre à quelqu'un qui en sait plus que lui, qui peut le libérer de ses limitations et le bénir. Mais les Pharisiens déclarent qu'ils ne veulent être les esclaves de personne, qu'ils n'ont jamais été esclaves de quiconque et qu'ils ne voient pas pourquoi il parle de les libérer. Le Christ dit alors : « Vous êtes tous esclaves de vos tendances négatives, et un esclave n'a aucun droit ; mais le Fils de Dieu a tous les droits. Si le Fils de Dieu vous libère, vous serez vraiment libres. Et cependant, certains d'entre vous s'efforcent de me tuer parce que mon message n'entre pas dans vos cœurs.

Je vous dis ce que j'ai vu quand j'étais avec mon Père, mais vous suivez les avis de votre père. » Qui est leur père ? Il le dira plus tard. « Notre père est Abraham » déclarèrent-ils. « Non, répliqua Jésus, car s'il en était ainsi, vous marcheriez sur ses traces, suivant le bon exemple qu'il a donné. »

Abraham était un *Mahatma*. Une belle histoire raconte ce qui lui est arrivé, une histoire qui marque le début de la religion juive. Il n'avait pas d'enfants, et finalement, alors qu'il était déjà très vieux, il a eu un fils, Isaac, auquel il était très attaché. Abraham n'était pas un homme ordinaire : il entendait la voix de Dieu. Dieu lui dit un jour : « Prends ton fils, emmène-le sur cette montagne et offre-le Moi en sacrifice. Fais une *puja* dont il sera l'offrande. » Un ordre terrible ! Mais Abraham a obéi. Il a pris son fils et il est parti sur la montagne. Isaac savait qu'il allait faire un sacrifice et il a dit : « D'accord, papa, je viens avec toi. » Arrivés au sommet de la montagne, ils ont construit un autel sur lequel ils ont empilé du bois. Alors le garçon a demandé : « Où est la chèvre, papa ? » A l'époque, ils offraient des chèvres en sacrifice. Abraham a répondu : « C'est toi l'offrande, pas besoin de chèvre. » Isaac est monté sur l'autel, son père l'a attaché, il a pris un couteau, l'a brandi et il allait en frapper son fils quand soudain, quelque chose lui a attrapé la main, un être divin, un ange, qui lui a dit : « Arrête Abraham ! Maintenant, Je sais que tu M'aimes. » Vous pouvez imaginez les sentiments d'Abraham à ce moment-là. Il était sans doute au bord de l'évanouissement ! Sa dévotion envers Dieu était telle qu'il était prêt à sacrifier son fils chéri.

Le Christ dit : « Si Abraham était votre père, vous imiteriez le bon exemple qu'il a donné, vous seriez comme lui. Mais au lieu de cela, vous essayez de me tuer parce que je vous ai dit la vérité telle que je l'ai entendue de Dieu. Abraham ne ferait pas cela. Non, vous obéissez à votre vrai père quand vous agissez ainsi. Si Dieu était votre Père, vous m'aimeriez, car c'est Lui qui m'a envoyé. Alors pourquoi ne comprenez-vous pas ce que je dis ? Vous ne le pouvez pas, car vous êtes les enfants de votre père, le diable. Et vous aimez les choses qu'aime le diable : le mal, le meurtre et le mensonge. Il n'y a pas en lui un iota de vérité. Il est parfai-tement normal qu'il mente car il est le père du mensonge. Alors quand je dis la vérité, il est naturel que cela ne vous plaise pas. »

Quand le Christ parle du diable, il désigne peut-être une certaine personnalité, un démon géant, le roi des *rakshasas*, voilà peut-être ce qu'il entend par le mot « diable ». Mais il y a d'autres manières de considérer cela. Le diable, c'est peut-être *maya*, l'illusion universelle, la puissance qui insuffle des pensées mauvaises aux êtres vivants et les pousse à mal agir. Il leur dit donc : « Vous êtes les enfants de cet être, non de Dieu et encore moins d'Abraham qui était un grand saint. Si vous étiez réellement les enfants de Dieu, vous aimeriez ce que je dis parce que c'est la vérité, ma source. Si vous me haïssez, c'est que nous n'avons pas le même père. Lequel d'entre vous peut honnêtement m'accuser d'avoir fait quoi que ce soit de mal ? Et puisque je vous dis la vérité, pourquoi ne me croyez-vous pas ? Tout enfant de Dieu est heureux d'écouter Sa parole. Puisque ce n'est pas votre cas, cela prouve qu'Il n'est pas votre père. » « Tu es le diable ! Nous l'avons bien dit depuis le début : tu es possédé par un démon ! »

Jésus a répondu : « Non, je n'ai pas de démon en moi, car je vénère Dieu et vous me déshonorez. Bien que je n'aie aucun désir de grandeur, Dieu veut que l'on m'honore et Il juge ceux qui me rejettent. Et je dois vous dire très sérieu-sement : ceux qui m'obéissent ne mourront jamais. » Que veut-il dire ? Encore une de ces déclarations très ambitieuses ! « Obéissez-moi, suivez mon enseignement, et vous ne mourrez pas. » C'est ridicule !

Tout le monde meurt. Alors ce que le Christ entend par là, c'est : vous n'aurez plus à renaître. Votre corps mourra peut-être, mais vous serez unis à Dieu, à l'*avatar* et vous n'aurez plus à renaître et à mourir dans une ronde sans fin, parce que vous aurez perdu votre individualité, vous ne serez plus séparé de Dieu, grâce à la foi. La foi en un *avatar* a le pouvoir de faire cela. C'est simple et facile, pas besoin d'une haute philosophie. Si vous avez de la dévotion envers un *avatar*, cette foi vous sauvera. Au moment de la mort, cet *avatar* apparaîtra dans votre conscience et fera en sorte que vous vous fondiez en lui. Et c'est la fin du cycle des morts et des renaissances. Inutile de songer : « Oh, il faudra que je fasse une *sadhana* pendant des milliers de vies, que je devienne un grand *mahatma*, un grand sage. » Non ; c'est pourquoi les *avatars* insistent tant sur le fait d'exprimer leur divinité et de recevoir la dévotion des êtres humains : ils sont conscients qu'en cela réside la valeur de leur incarnation. Rien qu'en les aimant, en pensant à eux, en ayant foi en eux, vous obtiendrez ce que vous ne pourriez jamais obtenir au cours d'innombrables vies de *sadhana* et de *tapas*, au moins au moment de la mort, si ce n'est pendant votre vie.

Il est impossible de tuer un avatar sans son consentement

Vous avez sans doute déjà vu des représentations du Christ sous la forme d'un berger. Il porte un agneau dans les bras. La source de ces représentations est le paragraphe suivant de l'Evangile : « Je suis le bon pasteur. Le bon pasteur donne sa vie pour ses brebis. » Dès que le loup surgit, un employé s'enfuit en courant, abandonnant le troupeau qui ne lui appartient pas. Il n'en est pas le berger. L'employé s'enfuit parce qu'il est motivé par l'argent et ne s'intéresse pas au troupeau. « Je suis le bon berger, je connais mes brebis et elles me connaissent, tout comme mon Père me connaît et je le connais. Et je donne ma vie pour retrouver la brebis perdue. Les autres m'attendent au bercail, elles ont aussi besoin de moi pour les guider. Chaque berger a son troupeau. Le Père m'aime parce que je donne ma vie afin de la retrouver. Nul ne peut me tuer sans mon consentement. »

C'est ce qu'Amma a répondu quand on lui a demandé pourquoi le Christ était mort ainsi, tué par des êtres ignorants, méchants : « Aucun *avatar* n'est tué par qui que ce soit. Si cela arrive, c'est par leur propre volonté, c'est qu'ils en ont librement décidé ainsi. » Ce serait impossible sans leur consentement. Krishna fut tué par un chasseur dont la flèche lui perça le pied. Cela ne signifie pas que le chasseur était un héros, c'est simplement que telle était la volonté de Bhagavan. De même, le Christ aurait pu éviter d'être crucifié. L'Evangile mentionne souvent qu'au moment où on s'apprêtait à le lapider, il a quitté le village : sans sa permission, ces gens n'ont rien pu faire. C'est ce qu'il déclare ici : « Personne ne peut me tuer sans mon consentement. Je donne ma vie volontairement car j'ai le droit et le pouvoir de la donner et de la reprendre à mon gré ; ce droit m'a été donné par mon Père. »

« Combien de temps vas-tu nous tenir en suspens ? Si tu es le Messie, dis-le nous ouvertement. » Après tous les miracles qu'il a accomplis, ils lui posent encore la question : « Quand vas-tu nous dire que tu es le Messie ? » Il le leur a déjà dit une douzaine de fois. « Je vous l'ai déjà dit et vous ne me croyez pas. La preuve, ce sont tous les miracles que j'accomplis au nom de Dieu. Mais vous ne me croyez pas parce que vous ne faites pas partie de mon troupeau. Mes brebis reconnaissent ma voix, je les connais et elles me suivent. Je leur donne la vie éternelle et elles ne périront jamais. Personne ne viendra les capturer et me les enlever. Le Père et moi, nous sommes Un. » C'est l'une des paroles les plus fortes du Christ. Non seulement, c'est le Père qui l'a envoyé, mais il est uni à Dieu. Mais rappelons-nous qu'il ne s'agit pas d'un cas unique. Toute personne qui parvient à réaliser Dieu ne fait plus qu'un avec Dieu. C'est ce qu'affirment les *Upanishads*. Celui qui connaît Brahman devient Brahman. Ces êtres deviennent des objets de vénération pour le monde entier. Ils constituent un moyen d'obtenir la grâce, une voie qui permet d'atteindre la libération.

Ce qui est si beau chez les *Mahatmas*, c'est qu'ils sont pareils à des bergers avec leur troupeau. Je parle d'un vrai berger, propriétaire du troupeau, pas d'un employé. Amma est ainsi, Elle est prête à donner sa vie pour ses brebis. Ses enfants représentent son troupeau et quelle que soit la peine qu'il lui faut endurer, quel que soit le sacrifice à accomplir, elle est prête à le faire. Sa vie est vouée aux êtres humains. Comme elle le dit, son Dieu, ce sont les gens.

Il était une fois une femme très religieuse, qui se rendait chaque jour au temple. Elle avait réellement un grand amour pour Dieu. Quand elle allait au temple, il y avait toujours de pauvres gens qui demandaient l'aumône. Voilà qui me rappelle quelque chose. Je suis désolé pour cette digression, mais je voudrais vous raconter le rêve que j'ai fait cette nuit.

Un rêve peu ordinaire

La nuit dernière, j'ai fait un rêve qui sortait tout à fait de l'ordinaire. Jamais je n'ai fait un tel rêve. J'ai rêvé que je me trouvais à Bombay. Il n'y a rien d'extraordinaire à cela parce que j'aime tant l'Inde qu'il m'arrive souvent de rêver que j'y suis. Dans la journée je suis ici, et habituellement la nuit je vais là-bas. Je me trouvais donc à Bombay et quelqu'un m'a dérobé mon portefeuille, dans lequel j'avais de l'argent, mon passeport et les adresses de quelques dévots à Bombay. En un instant, tout s'était envolé. Tout avait disparu. Je me suis alors rendu compte de ma situation. Je ne connais personne, je ne sais pas où trouver qui que ce soit, je suis totalement impuissant. Je suis donc devenu mendiant dans la rue. Je ne savais pas mendier. Un *sannyasin* devrait savoir mendier, mais c'est une expérience que je n'ai jamais faite. Je pensai alors : « Que vais-je donc faire maintenant ? » Je voulais me reposer, mais je ne savais pas où aller parce que je n'avais pas d'argent. J'ai donc frappé à la porte d'une maison, quelqu'un a ouvert la porte et m'a demandé : « Que désirez-vous ? » J'ai essayé d'expliquer ma situation, que je vivais ici depuis longtemps et que quelqu'un m'avait dérobé mon portefeuille, que je n'avais plus d'argent, plus rien et que je voulais juste quelque chose à manger. La réponse fut : « Non. Sortez ! » et on m'a fermé la porte au nez. Et ce que j'ai ressenti alors, je me suis dit que c'était le sentiment d'un pauvre, d'un vrai pauvre. Nous lisons l'enseignement d'Amma, qui nous dit que nous devrions avoir de la compassion pour les pauvres, voir Dieu en eux et les servir. Une chose est de lire cela, c'est très facile, mais c'est tout à fait autre chose d'être pauvre, affamé et sans abri. Je me suis réveillé juste à ce moment-là, j'avais encore le sentiment d'être à la rue et j'ai pris conscience de la profondeur des sentiments d'Amma quand elle parle de servir les pauvres. Je sais qu'elle a connu l'extrême pauvreté, surtout dans son enfance. Dans son village, il y avait et il y a toujours des pauvres, des affamés. Quand elle nous dit de servir les pauvres, elle ne parle pas avec un sentiment de supériorité, nous disant : « Oh pauvres gens ! Il faut les aider et les servir. » Pas du tout ! Elle a été l'un d'eux. Elle a fait l'expérience de la pauvreté. Elle a connu la souffrance. C'est ce qu'elle veut dire : « Servez-les comme si vous étiez l'un d'eux. » Essayez de vous mettre à leur place. Voilà donc mon rêve et j'ai vraiment ressenti dans mon être ce que signifie « être pauvre ».

Revenons à notre histoire. Cette femme allait donc au temple ou à l'église et chaque jour, près de la porte, elle voyait tous ces pauvres. Elle était tellement absorbée dans sa dévotion, elle était si pressée d'entrer dans le temple pour prier qu'elle ne les voyait même pas et se précipitait à l'intérieur. Un jour, elle a trouvé les portes du temple fermées, alors qu'elles ouvraient toujours à la même heure. Arrivée à l'heure habituelle, elle a trouvé les portes closes. Elle était si contrariée qu'elle ne savait plus quoi faire, alors elle a regardé autour d'elle. Depuis tant d'années qu'elle venait quoti-diennement au temple, c'était la première fois qu'elle ne pouvait pas entrer. Et elle a remarqué qu'il y avait un mot à la porte. Et savez-vous ce qui était écrit ? « Je suis là, dehors. » Vous avez compris ? Bien.

Om Namah Shivaya

fin de la cassette 13

Questions et réponses (1)

Il existe un nombre infini de jivas (âmes individuelles) dans l'univers, bien plus nombreux que les grains de sable sur la plage, si nous arrivions à les compter. La quantité des jivas est infinie. Quand Dieu fait quelque chose, Il le fait à une très grande échelle.

Je réfléchissais à cela récemment, et je me suis rappelé une histoire qui illustre le fait que nous, qui apparaissons et sombrons dans l'océan de la vie et de la mort, avons eu autrefois un corps minuscule, peut-être celui d'une amibe ou d'un être monocellulaire, puis avons évolué pour enfin prendre une forme humaine. Au commencement, nous n'étions pas tels que nous sommes. Nous sommes déjà passés par des naissances innombrables. En vérité le simple fait que nous soyons actuellement des êtres humains, dotés de certaines tendances spirituelles, indique que nos avons déjà parcouru un long chemin au cours de notre évolution vers notre source, Dieu.

Inutile de penser qu'il en faudra beaucoup plus. Il nous a déjà fallu très longtemps pour devenir des humains. Une fois que nous sommes des êtres humains, une fois que nous avons développé des tendances spirituelles, alors nous sommes pour ainsi dire presque arrivés. Les *Brahmas sutras*, textes spirituels célèbres qui exposent la nature de l'Absolu, affirment qu'une fois que nous avons sérieusement décidé d'agir en vue de réaliser Dieu, il nous faut tout au plus deux vies supplémentaires pour nous perfectionner. C'est-à-dire qu'il faut longtemps pour atteindre le stade où nous pratiquons le Védanta, mais qu'une fois que nous nous y sommes sérieusement plongés, nous serons contraints de renaître deux fois tout au plus. Il serait même possible d'y parvenir dans cette vie. Cela se trouve essentiellement entre nos mains car tout dépend de l'intensité de nos efforts. Comme le dit Amma, si nous voulons déterminer à quelle heure le bus atteindra sa destination, il faut savoir s'il s'agit d'un express ou d'un omnibus. Un omnibus s'arrête partout. Un express ne s'arrête qu'au terminus. Le degré d'intensité de nos efforts détermine donc le moment où nous atteindrons le but. Cela, cela seul est entre nos mains.

Je pensais donc à Amma. Vous savez comment elle vit. Que fait-elle tout le temps ? Elle passe son temps à rencontrer des gens, et pas en petit nombre. En Inde, elle donne le *darshan* à des milliers, des dizaines de milliers de personnes. Selon les endroits, il y a cinq mille, dix mille, vingt-cinq mille personnes. Comme nous le disions la semaine dernière, il y avait à Calicut cent mille personnes. Pourquoi reçoit-elle tous ces gens ? Ce n'est certaine-ment pas par désir de renommée, c'est un surmenage physique énorme. Pourquoi désire-t-elle contacter le plus de gens possible ? En y réfléchissant, une histoire m'est revenue à l'esprit et je veux vous la raconter. C'est une histoire que beaucoup d'entre vous connaissent et en fait, c'est Amma elle-même l'a racontée. C'est une histoire qui met en scène Vishnou et le grand rishi Narada.

La grandeur du satsang

Narada alla un jour trouver Vishnou et lui dit : « Bhagavan, j'ai ouï dire que le satsang, le darshan d'un mahatma était une chose très importante. Je veux savoir ce qui en fait la grandeur. »

Bhagavan répondit : « Un petit oiseau s'apprête à naître sur la Terre, à tel endroit, sur tel arbre. Vas-y et dès que l'oisillon sera né, demande-lui ce qui fait la grandeur du *satsang*. »

Narada utilisa donc ses *siddhis* (pouvoirs yogiques) pour descendre en ce monde. Conformément aux indications de Bhagavan, il trouva le nid avec un œuf sur le point d'éclore à l'intérieur. Il s'assit pour observer l'oisillon sortir de l'œuf. Il le regarda et dit, dans le langage des oiseaux, bien sûr : « Qu'est-ce qui fait la grandeur du *satsang* ? » Quand il entendit ces paroles, l'oisillon le regarda et mourut sur-le champ. Le cœur de Narada était plein de douleur. « Mais qu'ai-je donc fait ? Je lui ai juste posé une question, et il est mort ! »

Il est retourné voir Narayana et lui a dit : « Bhagavan, je n'ai reçu aucune réponse ; et en plus, le pauvre petit être est mort sous mes yeux ! »

Bhagavan répondit : « Eh bien, essayons encore une fois. Un veau va naître à tel et tel endroit. Vas-y, interroge-le à propos du *satsang* et tu auras ta réponse. »

Narada redescendit donc. Le veau venait de sortir du ventre de sa mère, il n'était pas encore bien assuré sur ses pattes et regardait autour de lui. Narada s'approcha et dit : « Petit veau, peux-tu me dire ce qui fait la grandeur du *satsang* ? Bhagavan m'a envoyé ici pour que tu me donnes la réponse. » Le veau regarda Narada et mourut sur-le-champ. Narada était très contrarié. Il retourna voir Bhagavan et lui dit : « Bhagavan, n'en parlons plus, chaque fois que je pose la question au sujet du *satsang*, l'être que j'interroge meurt. »

Bhagavan répondit : « Non, non, essayons encore une fois. Un poulain va naître à Bénarès dans le palais du roi, un pur-sang magnifique. Va interroger ce petit. »

Donc, par respect pour le Seigneur, Narada descendit de nouveau sur Terre et il arriva la même chose. Il posa la même question et le cheval mourut. Narada alla trouver Bhagavan et dit : « Bhagavan, pas de réponse, j'en ai assez, je ne veux pas savoir ce qui fait la grandeur du *satsang*. »

Le Seigneur dit alors : « Non, non, essayons une fois encore, une seule. Au même endroit, un jeune prince va naître, le fils du roi de Bénarès. Va poser la même question au nouveau-né. »

« Jamais de la vie ! Je vais interroger le bébé, il va mourir et le roi et la reine me tueront. Je ne veux pas savoir ce qui fait la grandeur du *satsang*. Je rentre chez moi ! » s'exclama le sage.

Eh bien, le fait est que Narada n'a pas de demeure attitrée. Il vagabonde dans l'univers. Alors Bhagavan lui a dit : « Tu sais aussi bien que moi que tu n'as pas de foyer, comme on dit, alors écoute-moi. Cette fois, sans aucun doute, tu auras une réponse. Descends et demande. »

Et bien sûr, comme le Seigneur l'avait prédit, le bébé naquit, le roi accueillit le grand *rishi* au palais avec les honneurs qui lui étaient dus, ils firent une *pada puja* et ils l'emmenèrent voir l'enfant. Narada, nerveux, demanda à rester seul avec le petit. Quand tous les autres eurent quitté la pièce, il se tourna vers le bébé et dit : « Petit, dis-moi je t'en prie ce qui fait la grandeur du *satsang*. »

Le bébé le regarda, et que fit-il ensuite, à votre avis ? Il se mit à parler et dit : « Narada, tu me surprends ! Est-ce que tu ne me reconnais pas ? J'étais un oiseau, et grâce à ton *darshan*, je suis devenu un veau. Puis, grâce à ton *darshan*, je suis devenu un cheval et enfin, grâce à ton *darshan*, me voilà prince, je suis un être humain doté de tendances spiri-tuelles et maintenant, à ma naissance j'ai obtenu ton *darshan*. Il se peut même que dans cette vie je réalise Dieu, je réalise le Soi. C'est cela la grandeur du *satsang*, du *darshan* d'un *mahatma* ! »

Amma le sait et il ne s'agit pas d'une histoire sans fondement. Même si tout cela n'est pas réellement arrivé, cette histoire illustre un *tattva*, c'est-à-dire un principe. Amma connaît la valeur du *satsang*, elle connaît la valeur du *darshan*. Si son regard se pose sur une âme pendant un moment, si son souffle effleure quelqu'un, si nous restons assis en sa présence et recevons ce qui rayonne d'elle, cela nous aidera à évoluer. La plupart des gens qui viennent voir Amma ne font pas de *sadhana*, ils ne sont pas même vaguement intéressés par la vie spirituelle. Ils viennent avec leurs problèmes, ils ont entendu dire qu'Amma faisait des miracles, qu'elle savait tout, qu'elle pouvait tout et que leurs problèmes se résoudraient rien qu'en les lui confiant ; ils ont cette foi. Et à n'en pas douter, ils trouveront auprès d'Amma un certain soulagement. Mais quelle est l'idée d'Amma ? En venant à elle, ils seront mis sur le chemin qui les ramènera à Dieu. Et cela, c'est la guérison définitive. La plupart des gens viennent voir Amma pour une guérison temporaire. Ils veulent se débarrasser d'une maladie, ils veulent trouver un emploi, se marier, enfin tous les problèmes que connaissent les êtres humains. Mais Amma sait bien qu'une fois le problème résolu, il en surgit aussitôt un autre. La vie est ainsi faite. Ne vous faites pas d'illusions. Même si vous résolvez tous vos problèmes, un autre se présentera et enfin, à la fin, le gros problème : la mort. Amma ne peut pas vous aider, elle ne peut pas empêcher le corps de mourir. Mais elle sait que la vraie guérison, c'est de réaliser Dieu, de réaliser le Soi. Le *darshan* par lui-même nous aide à avancer dans cette direction.

Pourquoi les habitudes sont-elles si puissantes ?

« Pourquoi les habitudes sont-elles si puissantes ? » C'est visible-ment la question d'un *sadhak*, de quelqu'un qui fait des pratiques spirituelles, parce que les gens ordinaires ne se préoccupent pas de leurs habitudes. Mais un *sadhak* se sent étouffé par ses habitudes parce qu'il essaye de s'en libérer et de devenir maître du mental, au lieu d'en être esclave ; il veut que le mental fasse ce qu'il veut au lieu d'être obligé de faire ce qu'il lui dicte. Pourquoi les habitudes sont-elles si puissantes ? Pourquoi leur cédons-nous si facilement ? Pourquoi y a-t-il en nous une telle résistance lorsque nous cherchons à changer nos mauvaises habitudes pour en prendre de bonnes ? Comment surmonter une mauvaise habitude ? Que faire si on a essayé plusieurs fois, en vain ? Quand j'ai débuté sur le chemin spirituel, comment ai-je triomphé de mes mauvaises habitudes ? Que dit Amma à propos des habitudes et quels conseils nous a-t-elle donné pour nous aider à les dépasser ?

Ne croyez pas que les habitudes viennent uniquement de cette vie. Elles viennent aussi des vies passées. La plupart viennent de vies antérieures, on les appelle des *samskaras*. S'il s'agit d'une habitude individuelle, on l'appelle une *vasana*. Une *vasana* vient peut-être de cette vie, des habitudes que nous y avons développées, mais la collection avec laquelle nous arrivons, toutes les habitudes héritées du passé, notre nature, pour ainsi dire, c'est ce qu'on appelle le *samskara*. Et cela ne change pas quand nous changeons de forme. C'est prodigieux : à la mort, le *jiva* quitte le corps dans lequel il a développé toutes ces habitudes, et quand il prend naissance dans un corps complètement nouveau, il apporte avec lui les mêmes habitudes, les mêmes *samskaras*.

L'histoire de la souris qui devint une petite fille

Il y a à ce sujet une histoire intéressante. Un *mahatma* était un jour assis au bord d'une rivière, plongé en profonde méditation. Un faucon passa en volant au-dessus du sage, tenant dans ses serres une petite souris. A ce moment précis, la souris, à force de gigoter, réussit à s'échapper des serres du faucon et tomba dans le giron du *mahatma*. Celui-ci s'exclama : « Oh, pauvre petite créature ! » Comme il possédait quelques pouvoirs spirituels, il prit la petite souris et dit : « Pauvre petite souris, je suis désolée pour toi. Il ne faut pas qu'une chose pareille t'arrive de nouveau. Si je te laisse partir, un autre animal t'attrapera peut-être. » Il fit donc un geste de la main et abracadabra, la petite souris devint un bébé, une petite fille. Il l'appela Kanti et l'apporta à sa femme. « Ma chère, il y a si longtemps que tu voulais un enfant, eh bien le voilà. » Il lui expliqua ce qui s'était passé. Sa femme répondit : « Bien, je vais l'élever comme ma propre fille. »

C'est donc ce qu'elle fit et quand leur fille eut seize ans, ils pensèrent que le moment était venu de la marier. Le *mahatma* se dit : « C'est à Suria, le Dieu soleil, que je veux marier ma fille. Je ne veux pas d'un parti moins brillant pour elle. » Il regarda donc le soleil et se concentra pour que le dieu soleil lui apparaisse. Le soleil prit une forme, lui apparut et dit : « Swami, que puis-je pour vous ? Pourquoi m'avez-vous appelé ? »

« Oui ; Kanti, viens ici. » Kanti arriva et le *mahatma* déclara alors : « Je veux que tu épouses ma fille. »

Kanti regarda le dieu soleil et dit : « Papa, cet homme est si chaud que même les pierres fondent auprès de lui. Il va me réduire en cendres. Je ne veux pas l'épouser, papa. » Que pouvait-il dire ?

« Je suis désolé, Suria, mais peux-tu suggérer quelqu'un d'autre, quelqu'un de plus puissant et de plus grand que toi ? »

Suria dit : « Oui, il y a quelqu'un. »

« Vraiment ? Qui est-ce ? »

« Le nuage. Le nuage est plus grand que moi, car il est capable de recouvrir mes rayons. Il peut m'empêcher de briller. »

Le *rishi* pria donc le nuage. « S'il te plaît descend. » Le nuage arriva en courant et se présenta, une grande forme grise à la voix profonde. Et le *mahatma* dit : « Monsieur, j'aimerais que vous épousiez ma fille, Kanti. »

Alors Kanti le regarda et dit : « Papa, il parle si fort, il rugit, il est comme le tonnerre. Il va me percer les tympans chaque fois qu'il me parlera. Je ne veux pas d'un tel mari. Je veux un époux qui parle doucement. » Ah, que faire ? Très bien.

« Avez-vous une idée, Monsieur le Nuage ? »

« Oui, le vent. Le vent est beaucoup plus puissant que moi. Il souffle et me pousse dans tous les sens. »

Très bien. Il pria le vent, il fit descendre le dieu du vent. « Oui, que puis-je faire pour vous ? »

« Eh bien, épouser ma fille Kanti. »

« Papa, cet homme parcourt le monde ; il ne tient pas en place ! Il sera un moment avec moi, et l'instant d'après, il sera à l'autre bout du monde. Quel genre de mari est-ce là ? Est-ce que tu ne peux pas trouver un mari plus conve-nable ? S'il te plaît ! »

Très bien. « Vayou Bhagavan (Seigneur le Vent), avez-vous une idée ? »

« Huum, il y a bien quelqu'un que je ne peux pas dé-placer »

« Ah oui ! Et qui est-ce ? »

« La montagne, Himavan. » Le *mahatma* invita donc le dieu de la montagne et Himavan se présenta.

« Oui, que puis-je faire pour vous ? »

« J'aimerais que vous épousiez ma fille Kanti. Allez, finissons-en ; épousez ma fille. »

« Papa, il a le cœur si dur, dur comme une pierre. Je ne veux pas épouser une pierre. » Que faire ?

« Avez-vous une idée, Monsieur Himavan ? » « Eh bien il existe quelqu'un de plus puissant que moi. « Vraiment ? Qui est-ce ? » « La souris. Une souris est capable de creuser des trous à l'intérieur de moi. La petite souris peut me vider complètement. »

Très bien. Le sage invita la souris.

« Oh, papa, c'est exactement comme ça que je le voulais. J'ai toujours cherché quelqu'un comme lui. Il est tout petit, mais il est gentil, doux et il me convient parfaitement. Il incarne tout ce que j'ai toujours désiré trouver chez un époux. »

« Très bien, dit le *rishi*, il est vrai que je t'ai fait changer de forme, mais je n'ai pas pu transformer ton *samskara*. Je n'ai pas pu changer ta nature. J'avais oublié cela. »

Il retransforma donc Kanti en petite souris et la couple vécut heureux dans un trou sous la hutte du *rishi*.

Comment se débarrasser des habitudes ?

Telle est la puissance des *samskaras*. Nous avons beau changer de forme, nous emportons avec nous le même *samskara*. Alors comment se débarrasser d'habitudes si profondément ancrées ? Amma nous dit qu'il faut avant tout comprendre la nature des habitudes. Pourquoi avons-nous des habitudes ? Tout le monde a des habitudes. Cela résume en fait ce que nous sommes : la conscience plus des habitudes. Si vous parvenez à vous libérer de toutes vos habitudes, alors vous rayonnerez en tant que *Paramatman*. Vous serez Dévi, vous serez Bhagavan. Sans habitudes, vous ne serez plus qu'*anandam*, béatitude. C'est par elles que toute votre énergie est dispersée. Sinon, le mental serait parfaitement calme, paisible, plein de béatitude. « Alors d'où viennent les habitudes ? » demande Amma. Il y a en nous ce sentiment, cette espèce de besoin d'être toujours heureux. Et nous essayons de satisfaire ce besoin de la manière qui nous semble la plus évidente : au travers des plaisirs des sens et de l'intellect. Le plaisir. Nous pensons que le plaisir va nous rendre heureux.

C'est là le mécanisme fondamental de l'habitude. Nous faisons certaines choses pour éprouver du bonheur grâce au plaisir que nous en retirons ; nous obtenons un bonheur éphémère, qui disparaît au bout d'un moment. Mais le besoin demeure. Je veux être heureux tout le temps, pas seulement quand je mange, quand je dors ou quand je fais telle ou telle chose. Je veux être heureux *constamment*. Alors je me rappelle : « Oh, j'étais heureux quand je faisais ceci, ou bien cela. Quand je regardais la télé, oh, c'était si bien ! » Nous n'employons pas tant de mots, mais dans notre subconscient, l'impression demeure. Et nous recommençons sans nous lasser. Il peut même s'agir d'une habitude mentale. « J'étais heureux d'être en colère. J'étais heureux d'exprimer de la colère contre quelqu'un. J'étais heureux de me livrer au commérage, de critiquer quelqu'un. » Un sentiment. Alors on recommence une fois, deux fois, et peu à peu cela devient une habitude, un réflexe. Une situation se présente et l'habitude, le réflexe correspondant surgit spontanément. C'est cela le mécanisme, c'est un conditionnement.

Quand vous êtes contraint de refaire inlassablement les mêmes choses pour obtenir le bonheur, alors cela devient plus difficile. C'est le stade suivant, dans lequel l'habitude devient une compulsion, au lieu d'être un réflexe. Si vous examinez les choses en détail, nos habitudes nous apportent-elles vraiment le bonheur ? Les habitudes que nous déve-loppons sont bien souvent une source d'ennuis. Par exemple le fait de trop manger, de faire de la vitesse, de parler durement. Vous savez, il y a des gens qui ne peuvent pas garder leur emploi. J'ai entendu parler de quelqu'un qui souffrait de « rudesse chronique du langage ». Il a dû y avoir un début à cela. Au début, la personne a sans doute obtenu ce qu'elle voulait en s'exprimant durement. Puis c'est devenu une habitude et alors qu'est-il arrivé ? Renvoyé de son poste de travail. Et à la maison, tout le monde était malheureux : cette personne se mettait sans cesse en colère et parlait toujours méchamment. Comme il rendait les autres malheureux, cet homme était lui-même malheureux. Il n'y avait plus que du malheur. Et pourquoi ? A cause d'une simple habitude.

Si quelqu'un mange trop, que lui arrive-t-il ? Il meurt d'indigestion ou au moins tombe malade. Quelle que soit la drogue, télévision, vitesse, mensonge ou autre habitude destructrice, le résultat est le même. Il y a de bonnes et de mauvaises habitudes. Les mauvaises nous détruisent ; elles rongent notre vitalité. Elles créent des problèmes, intérieurement, elles nous rendent agité ou malheureux, extérieurement, elles mécontentent les autres. Raisonnons donc un peu : « Bien, les habitudes ne sont pas forcément bonnes et le plaisir que j'en retire ne dure pas très longtemps. » Cela revient à mettre une goutte d'eau dans une poêle à frire. Et « psst » elle s'évapore. Pendant un moment, « psst », mais je veux avoir cette sensation, « psssst », éternellement. C'est possible, mais pas grâce au plaisir. L'idée que le plaisir peut nous procurer cela est une conception erronée. Cela s'appelle l'ignorance, *maya*, et nous en sommes tous victimes. C'est l'illusion que nous pouvons faire durer le plaisir éternellement. C'est impossible. La nature même du mental et des sens est d'être éphémère, de changer constamment. Nous voulons le bonheur éternel mais nous ne pouvons pas l'obtenir au travers du mental ou des sens. Impossible. Le noir ne peut pas devenir blanc. Alors quelle est la solution ? Sommes-nous condamnés à souffrir de ce besoin insatiable ?

Nous avons ce problème insoluble. Il faut que Dieu soit bien cruel pour nous avoir créés avec ce problème ! C'est là que des êtres comme Amma interviennent. C'est là que le message des Védas, du Védanta, le message des *rishis* entre en jeu. Il est possible de satisfaire ce désir de bonheur parfait, mais pas au travers du plaisir. Le plaisir, c'est un sujet totalement différent. Il n'y a en lui rien de mauvais, mais ce n'est pas le moyen de satisfaire notre soif de bonheur. Nous ressentons le bonheur quand le mental est parfaitement calme. A ce moment-là, le bonheur surgit ; il ne vient pas de l'extérieur, mais de l'intérieur de nous-mêmes car c'est là qu'il demeure. Nous en avons déjà discuté très souvent. Mangez un cornet de glace, et vous serez heureux ; mangez-en dix et vous serez malade. Si le cornet de glace était la source du bonheur, vous auriez éprouvé le même bonheur en mangeant chaque cornet.

D'où provient donc le bonheur ? Du mental. Quand les sens sont concentrés, quand le mental est concentré, il devient tranquille ; il devient puissant et vous ressentez quelque chose. C'est le bonheur. C'est un ravissement. Et vous voulez que cela dure toujours, mais vous n'y parvenez pas. Pourquoi ne pas essayer la voie directe ? Concentrez le mental, concentrez les sens, sans prendre aucun objet comme catalyseur. Si vous parvenez à faire garder le mental tranquille, parfaitement tranquille et concentré, cette béatitude surgira en vous et se mettra à couler comme une rivière coule vers l'océan. Quand ce processus sera permanent, vous aurez trouvé le bonheur et le problème sera résolu. C'est ce que l'on appelle la libération, la réalisation de Dieu, la Béatitude suprême ; c'est l'union avec Dieu.

Alors comment faire ? Comprenez d'abord le principe que je viens d'exposer. Et pas une seule fois, mais des centaines de millions de fois. Parce que nous faisons l'erreur de croire que le plaisir nous rend heureux des centaines de millions de fois. Le plaisir nous rend heureux un moment, mais c'est tout. Il nous faut donc y réfléchir sans cesse. C'est ce que l'on appelle *mananam*, le souvenir. Ne vous contentez pas d'y réfléchir une fois. Pensez-y inlassablement. Pas seulement quand vous venez ici, quand quelqu'un parle à ce sujet ou que vous lisez un livre. Pensez-y tout le temps. Voilà le premier pas à faire pour se débarrasser d'une mauvaise habitude : se rendre compte que cela ne mène à rien, que c'est vain.

Une manière d'y travailler, c'est de remplacer les habitudes destructrices par de bonnes habitudes. Nous ne pouvons pas décider brusquement de tout jeter par la fenêtre, toute notre structure. Il faut trouver un substitut. Puisez donc votre bonheur dans de bonnes habitudes, des habitudes constructives, trouvez-le en accomplissant de bonnes actions, ou mieux encore, des actions spirituelles. Par exemple, prenez plaisir à participer à des *bhajans*, à écouter des *satsangs*, à recevoir des *darshans*, à lire des livres spirituels, à effectuer des pèlerinages ou à faire du service désintéressé. Les *mahatmas* nous ont indiqué tant de pratiques comme la méditation, le *japa*. Si nous voulons les faire chaque jour, cela nous prendra des heures. Au début ce sera difficile et nous n'en aurons pas le goût. Mais peu à peu, nous en retirerons un certain contentement. Tout deviendra alors plus facile, nous développerons alors une bonne habitude qui déracinera la mauvaise pour prendre sa place.

Un autre moyen consiste à faire un vœu. Essayez de rester fidèle à une bonne habitude et si vous échouez, si vous rompez votre vœu, faites quelque chose que vous n'aimez pas. Imaginons que vous vous efforciez de maîtriser la colère et que vous parliez avec colère ce jour-là. Alors le lendemain, vous ne devriez rien avaler. Ce serait une punition, n'est-ce pas ? La fois suivante, quand vous vous apprêtez à parler avec colère, vous vous en souvenez et vous vous dites : « Si je me laisse aller, si je dis tout cela pour le plaisir d'être en colère, il faudra que je souffre toute la journée de demain, je ne pourrai rien manger. » Donc, faites un vœu. C'est une des manières de se débarrasser d'une mauvaise habitude.

Essayez au moins de réduire la fréquence avec laquelle vous cédez aux mauvaises habitudes. Peut-être vous sera-t-il impossible d'arrêter d'un seul coup. Certains en sont capables, d'autres pas. Essayez au moins d'atténuer la tendance néfaste. Si je dis aujourd'hui six méchancetés dans la journée, je n'en dirai plus que cinq demain. Il faut gérer ses habitudes. Mieux vaut ne jamais rien dire de méchant, mais cinq fois dans la journée, c'est déjà mieux que six. Le surlendemain, vous n'en dites que quatre et demi. C'est ainsi que l'on peut réduire la fréquence de ses mauvaises habitudes.

Et nous pouvons prier Dieu. Nous le faisons tous, j'en suis certain. Tous les dévots prient Dieu. « Ô, Seigneur, délivre-moi de cette habitude, de cette faiblesse. » La prière est utile. Elle donne des résultats. Ne vous inquiétez pas, avec le temps, la prière a un effet. Priez. Pleurez. Que va-t-il arriver quand vous essayez de résister au désir de faire quelque chose que vous faites habituellement et que vous ne devriez pas faire ? Si par exemple vous aimez manger un certain aliment et que vous vous rendez compte que ce n'est pas bon pour vous. Quand vous essayez de ne pas en manger, que se passe-t-il ? Comment vous sentez-vous si vous n'en mangez pas ? Vous êtes dans un état pénible, vous souffrez. Cette sensation, ce malaise, cette sorte de brûlure, de friction que vous éprouvez quand vous résistez à une habitude, cela s'appelle *tapas* ou chaleur. C'est pourquoi cela brûle. Et qu'est-ce que cela consume ? Cette brûlure n'est pas seule-ment une sensation, elle consume les habitudes. Si vous écrivez trois ou quatre fois la même chose au crayon sur une feuille de papier, il faut ensuite effacer trois ou quatre fois au lieu d'une. Il se produit une friction, une sensation de chaleur. Si donc vous vous sentez mal, si vous ressentez une certaine douleur, s'il y a une sorte de souffrance quand vous essayez de résister à une mauvaise habi-tude, c'est que vous êtes sur la bonne voie. C'est bon signe. Cela signifie que vous faites *tapas* et que vous êtes en train de vous libérer de l'habitude. C'est ainsi que cela fonctionne. Qui a créé l'habitude ? C'est nous. Qui va briser l'habitude ? C'est à nous de le faire. Il faut autant d'énergie pour se délivrer d'une habitude que pour la créer, et même un peu plus. Voilà donc quelques recettes à notre portée pour nous débarrasser des habitudes.

Comment surmonter les vasanas ?

Que dit Amma à ce sujet ?

« Mon enfant, les impressions créées par les actions que nous avons accomplies dans des vies précédentes se manifestent dans cette vie. Ces tendances déterminent notre ligne de conduite dans notre vie actuelle. Il s'agit pour nous de les épuiser en effectuant des pratiques spirituelles et d'éviter d'en ajouter de nouvelles. »

Nous venons donc avec ces *vasanas*. Que faire ? Il est impossible de dire : « Bien, abandonne tous tes désirs, ne fais plus rien et va t'asseoir dans une grotte ». Satisfaites vos désirs, mais évitez d'en créer de nouveaux. Essayez de conten-ter les désirs que vous avez déjà, et en même temps, faites une *sadhana*. Quel que soit votre âge, quel que soit l'endroit où vous habitez, pratiquez au moins un peu votre *sadhana*.

« Prenez dix œufs et donnez-les à couver à une poule. Sup-posons que l'un d'eux soit un œuf de canard, alors que les neuf autres sont des œufs de poule. Lorsque les œufs éclosent, le caneton se précipite dans l'eau, mais que font les pous-sins ? Pas un seul d'entre eux ne s'approche de l'eau. C'est la nature des vasanas. Elles viennent des vies antérieures. C'était bien une poule qui couvait les œufs, n'est-ce pas ? Si les vasanas venaient de cette vie, les poussins et le caneton devraient avoir le même comportement. C'est Dieu qui donne la première vasana au jiva. Il s'ensuit du karma. Ces actions engendrent de nouvelles vasanas. Toutes ces vasanas s'accumulent et provoquent une nouvelle naissance. Et le cycle se poursuit sans fin. La libération du samsara n'est possible que si les vasanas sont atténuées. Toutes les pratiques spirituelles, telles que la psalmodie du nom divin,

*la méditation, le japa et le satsang, contribuent à affaiblir
les vasanas. »*

C'est donc exactement ce que nous essayons de faire : affaiblir
les *vasanas*, les effacer, pour laisser notre réalité intérieure se
manifester dans toute sa splendeur.

Cela soulève une question, que j'ai d'ailleurs posée à Amma :
« Amma, comme tu l'as dit, il n'est pas facile au départ de
contrôler le mental, surtout lorsque l'on vit au milieu des plaisirs
du monde. C'est encore plus difficile pour ceux qui vivent en
Occident, car le matérialisme y est beaucoup plus fort qu'ici en
Inde. Quel conseil peux-tu leur donner dans ce domaine ? »

Si je me rappelle bien, ce que je voulais dire, c'est que tout le
monde a des désirs, tout le monde a des *vasanas*. Mais en Inde,
c'est assez simple. La plupart des gens veulent se marier, avoir
une famille, une maison, un bon travail et puis c'est à peu près
tout. Ajoutez peut-être une bicyclette ou s'ils sont assez riches,
une voiture, et c'est tout. La vie est simple en Inde mais elle l'est
moins en Occident où les gens ont les mêmes désirs et beaucoup
d'autres encore. Ils désirent constamment de nouveaux stimulis :
des choses de plus en plus compliquées, de plus en plus efficaces,
de plus en plus confortables. Il y a donc un flot sans fin de désirs
pour quelque chose de nouveau, de plus plaisant, de plus intense,
et toute la société est fondée sur ce besoin. *Maya* est beaucoup
plus forte. Un être simple qui satisfait des désirs simples peut au
moins penser à les dépasser, à se tourner vers quelque chose de
plus profond. Mais dans un monde où le plaisir est le seul but, il
n'y a pas de fin au désir. Il est plus difficile de prendre conscience,
au moins dans une certaine mesure, du but de la vie. J'ai donc
posé cette question à Amma, qui a répondu : « *Amma est très
heureuse de voir l'enthousiasme de ses enfants d'Occident pour la vie
spirituelle. En-dehors de celui qui est établi dans l'état de perfection,
tout le monde a des* vasanas. »

C'est cela la perfection. Cela ne signifie pas exceller, atteindre la perfection dans un certain domaine. La perfection, cela signifie que le mental est devenu complètement silencieux. C'est faire cesser le processus mental de la pensée.

> *« Contrôler le mental signifie éliminer les vasanas. Ce qu'il faut faire en réalité, c'est essayer de détruire les vasanas que nous avons créées antérieurement et bloquer l'entrée de nouvelles. »*

C'est ce que nous avons dit.

> *« C'est impossible à effectuer en un court laps de temps. »*

Ne croyez pas que vous pouvez rentrer chez vous et décider : « Bon, c'est terminé, je ne vais plus penser. Je vais m'asseoir et le mental va rester tranquille. » Essayez. Essayez maintenant, même pour une demi-seconde. C'est impossible, nous ne pouvons pas garder le mental tranquille, pas même pour une demi-seconde. A moins de nous être entraînés au silence intérieur sur une longue période, c'est extrêmement difficile. Notre esprit s'agite davantage au lieu de se calmer.

Amma ne vous demande pas d'arrêter complètement de profiter de la vie et de consacrer tout votre temps aux pratiques spirituelles. Il y a des gens que cela intéresse, mais la majorité n'en a ni le désir ni la capacité. Ils veulent les deux. Je les appelle des « biyogis ». Un « biyogi » est un *bhogi* et un yogi. Cela signifie qu'il désire le yoga mais qu'il veut aussi *bhoga*. *Bhoga*, c'est le plaisir. Donc si vous êtes un « biyogi », si vous voulez les deux, à la fois la vie dans le monde et la vie spirituelle, le mieux est de maîtriser les *vasanas* une par une progressivement, en faisant preuve de persévérance.

« Au cours de cette démarche, il se peut que nous connaissions des échecs successifs. »

C'est la même plainte qui revient toujours : « J'essaye, j'essaye constamment mais j'échoue bien souvent et je recom-mence. J'ai essayé un million de fois et je fais toujours la même chose. Je ne fais aucun progrès. » Alors vous êtes désolé, malheureux, déprimé par cet état de choses. C'est naturel. Tout le monde passe par cette étape. Amma dit donc qu'il se peut que nous échouions bien des fois au cours de ce processus.

« Acceptez les échecs. Après tout, seul celui qui essaie peut échouer. Si cela arrive, ne vous inquiétez pas, ne vous laissez pas émouvoir. Il y aura peut-être encore bien d'autres échecs. Ne perdez pas votre enthousiasme ni votre intérêt. Essayez encore et encore, sans jamais vous lasser. »

Vous connaissez l'expression : « Si tu ne réussis pas du premier coup, essaye, essaye encore. » C'est un proverbe fort sage. Ne gaspillez pas votre énergie à vous culpabiliser à propos de vos échecs. Continuez vos tentatives. Savez-vous ce que dit le Sri-mad Bhagavata ? Comment un yogi doit-il expier ses mauvaises actions ? La réponse est la suivante : qu'il continue à avancer, à faire sa *sadhana*. C'est la seule expiation. Il n'y a pas besoin de faire quoi que ce soit d'autre. Continuez votre *sadhana*, il n'est pas nécessaire de faire quoi que ce soit de spécial pour contrebalancer les effets des mauvaises actions passées ou même de celles que vous commettez actuellement. Continuez simplement à faire votre *sadhana*.

« Déclarez une guerre ouverte au mental. Il vous poussera peut-être à retomber dans vos anciennes habitudes. Comprenez qu'il s'agit d'un tour du grand fourbe, le mental, pour vous détourner de la voie. N'abandonnez pas. Un

jour viendra où les vasanas perdront tout leur pouvoir et cèderont la place à Dieu pour qu'Il règne. D'ici là, essayez sans jamais vous décourager, sans laisser les échecs vous arrêter dans votre pratique. »

Croyez les paroles d'Amma. Si vous continuez à faire des efforts pour vous libérer de vos *vasanas*, pas simplement de l'une d'entre elles, mais de toutes, à un certain moment, elles faibliront. La présence de Dieu brillera en vous. La présence d'Amma brillera, brillera réellement. Vous aurez l'expérience, le sentiment intérieur de la présence d'Amma. C'est cela, la véritable Amma ; elle n'apparaît extérieurement que pour vous montrer comment sentir sa présence à l'intérieur. Le seul obstacle, ce sont les *vasanas*, mais ça viendra, ça ne peut pas manquer de se produire. C'est scientifique, c'est mathématique, c'est de la science physique. Essayez seulement de vous libérer de vos *vasanas* grâce à la *sadhana* et grâce à ces techniques, et vous sentirez la présence d'Amma. Alors vos *vasanas* faibliront.

> *« Mes enfants, ce monde a été créé par Dieu pour que vous en profitiez. Aucun maître spirituel, aucun texte des Ecritures n'a jamais dit que tout le monde devait renoncer aux plaisirs terrestres et se plonger dans le souvenir constant de Dieu. Personne n'a dit que tous devraient changer de résidence pour aller vivre dans un ashram et devenir sannyasi. Comme Amma l'a déjà dit, il y a des gens qui en ont la capacité et le désir. Qu'ils suivent leur voie. Mais pour les autres, il existe également une voie pour se rappro-cher de Dieu. C'est possible en préparant lentement le mental au saut final, tout en menant une vie normale dans le monde. »*

C'est la beauté d'Amma. Elle dit que certains, c'est vrai, sont des *sannyasis* ; ils sont nés pour cela, ils ont cette *vasana*. Mais personne ne dit que tout le monde doit devenir *sannyasi*. Continuez vos activités ; simplement, préparez-vous.

> « *Quand vous conduisez, vous devez respecter le code de la route. Sinon, vous risquez un accident. En cas d'accident, vous ne serez pas le seul à souffrir, d'autres personnes aussi souffriront. De même, tandis que vous conduisez le véhicule de la vie sur la route de ce monde, il vous faut respecter certaines lois, certaines obligations et certains interdits. Le guru et les Ecritures parlent précisément de ces règles. Si vous vous y conformez, vous pourrez éviter le danger, vous serez en sécurité et dans votre vie person-nelle et dans votre vie sociale. Mais si vous enfreignez ces règles en vous livrant à des excès de plaisir ou par manque de discipline, vous serez confronté à des conflits et à des difficultés dans ces deux domaines.* »

Amma nous conseille donc de prendre du bon temps mais de pratiquer la modération. Il existe des règles de vie. Ne faites pas simplement ce qui vous plaît. Apprenez les règles et conformez-vous y.

Cassette 14 - fin de la face A

Qui est réellement Amma ?

Question : « Si Amma est le Principe suprême, que veut-elle dire quand elle affirme qu'elle est notre *guru* vie après vie ? Existe-t-il une âme individuelle ayant sa propre identité qui peut venir nous guider ou bien est-ce une manière de dire que Brahman nous guide toujours ? »

Bonne question. *Brahman* est la Réalité sans dualité, c'est l'océan de la Conscience. Mais les Ecritures disent que *Brahman* devient *shakti*. Dans cet océan immobile de conscience et de béatitude, il y a une vibration que l'on appelle *shakti*, énergie. Toute l'énergie vient de cette immobilité et c'est elle qui crée, préserve et détruit la Création, qui devient Brahma, Vishnou et Shiva. Ces dieux représentent l'Etre universel sous trois formes. Ils peuvent également prendre une forme dans ce monde de la matière ou dans des mondes plus subtils. Il y a donc des *avatars* de Vishnou, comme Rama, Krishna, etc. Il y a des *avatars* de Shiva, comme Durvasa, Shankara et Adi Shankara. Je n'ai jamais entendu parler d'*avatars* de Brahma, mais peut-être qu'il y en a eu. Et *shakti* aussi peut s'incarner dans notre monde. Tous ne font qu'un. Comme le dit Amma, *Brahman* est l'océan et les différents dieux sont les vagues sur l'océan. Ils prennent l'apparence d'une individualité ; dans leur conscience, il n'y a que *Brahman* mais nous, nous percevons un mental et un corps individuels. Il s'agit d'une perception erronée, due à un défaut dans notre vision. Qu'y a-t-il d'impossible à Dieu ? Comme le dit Amma, tout est *avatar*. L'univers entier, chaque atome qui le constitue est un *avatar* de *Brahman*. Pourquoi *Brahman* ne pourrait-Il donc pas prendre des naissances suc-cessives sous la forme d'un être humain ?

Alors quand Amma dit qu'elle est déjà venue auparavant, que nous avons été ses dévots ou ses disciples, ou qu'elle a été notre *guru* de nombreuses fois, c'est ce qu'elle veut dire. Nous ne savons pas si elle est Dévi, Vishnou ou un autre aspect de Brahman, mais à n'en pas douter, elle est Brahman ; elle a pris l'apparence d'un *jiva*, d'un être individualisé, par amour pour nous. En vérité, ces choses-là sont bien au-delà de notre compréhension. Elle dit que Dieu peut prendre une forme humaine si c'est nécessaire au bien du monde.

Bien que Dieu soit la Réalité omniprésente et imperson-nelle, Il peut s'incarner dans le monde grâce à un pouvoir mystérieux que l'on appelle *yogamaya*. Sri Krishna explique cela à Arjouna dans la Bhagavad Gita.

Le Seigneur bienheureux dit :

« J'ai enseigné ce yoga impérissable à Vivasvat ; Vivasvat l'a enseigné à Manou ;

Manou l'a enseigné à Ikshvaku. Il a été transmis par succession aux sages-rois. Ce yoga s'est perdu au fil du temps, O destructeur des ennemis.

Aujourd'hui, c'est moi qui te l'enseigne, puisque tu es mon dévot et mon ami, car cela est le secret suprême. »

Arjouna dit :

« Ta naissance est postérieure à celle de Visvas-vat ; comment est-il possible que Tu aies enseigné ce yoga à l'origine ? »

Bhagavad Gita, IV, 1- 4

Le même problème se pose quand Amma parle d'elle-même comme d'un être ancien ou déclare qu'elle est déjà venue. Alors nous disons : « Mais Amma, comment serait-ce possible ? Tu es née le 27 septembre 1953. » Donc, quand vous vous trouvez devant un être divin, il y a cette sorte de *maya*. Vous avez beau avoir foi en sa divinité, *maya*, cette illusion, vous donne le sentiment que cette personne est exactement comme vous. Il y a des différences, et l'une d'elles est essentielle. Et voici comment Sri Krishna la décrit :

Le Seigneur béni dit :

« J'ai vécu bien des vies et toi aussi ; je sais tout cela, mais toi, tu ne le sais pas, O destructeur des ennemis.

Bien que je ne sois jamais né, bien que ma nature soit impérissable et que je sois le Seigneur de tous les êtres, je prends naissance par le pouvoir de ma maya, régnant sur ma propre nature.

Quand le dharma décline, O Bharata, et que l'adharma augmente, alors je me manifeste.

Pour la protection des bons, afin de détruire les méchants, et pour établir fermement le dharma, je m'incarne à toutes les époques.

En vérité, qui connaît ma naissance divine et mes actions ne reprend pas naissance quand il quitte ce corps ; il vient à moi O Arjuna. »

Bhagavad Gita, IV, 5-9

Celui qui non seulement comprend, mais qui sait et perçoit par expérience que quelqu'un est un *avatar*, une telle personne se fond en Dieu à la fin de sa vie et n'a pas besoin de revenir en ce monde.

Qui était donc Krishna ? Eh bien dans son existence précédente, qui était donc Krishna ? Rama, n'est-ce pas ? Bien. Et avant cela ? Il y a donc eu de nombreux *avatars* de Vishnou et Krishna était le dernier. Mais nous ne pouvons pas dire qui a été Amma. Personne, personne ne le sait car elle n'en parle pas.

Quel est le sens de la vie ?

Quelqu'un demande : « Comment ces millions de vies pourraient-elles être dépourvues de sens ? La vie n'est-elle pas une manifestation de Dieu ? »

Eh bien, qui dit que ces millions de vies n'ont pas de sens ? Jamais je n'ai entendu quelqu'un dire une chose pareille. Le sens de la vie, le sens de l'individualité est très clair, c'est très important : il s'agit de retourner à la source, qui est béatitude. Tout le monde désire la béatitude, une béatitude constante, éternelle. C'est le but de la vie. Le plaisir que nous goûtons dans la vie a pour but d'épuiser nos *vasanas*, nos désirs ; le sens de la souffrance est d'accroître en nous le détachement, l'abandon de nous-mêmes, la dévotion, le sérieux, la patience et la sagesse. En dernier ressort, cela nous ramènera à notre point de départ, à la case départ, comme on dit, c'est-à-dire au Soi réel. Comme le disent aussi bien Amma que les Ecritures, nous sommes déjà unis à l'Absolu. Il ne s'agit pas d'aller quelque part et de s'unir à Dieu. Dieu est déjà présent, en nous. Dieu *est* nous. La sensation d'être qui brille en nous est Dieu. Mais le problème est que notre attention n'est pas fixée là-dessus, mais sur d'autres choses.

Les *vasanas* sont les habitudes qui éloignent le mental, l'attention, du « je », du cœur de l'être. Si nous parvenons à nous libérer de toutes ces habitudes afin que le mental soit tranquille, parfaitement immobile, alors l'illusion d'être des individus, d'être ce corps, se dissoudra dans l'océan de béatitude et nous prendrons conscience que nous ne faisons qu'un avec Cela. Cela ne va pas nous tomber du ciel. Simplement, il faut que le mental devienne parfaitement immobile. C'est l'évangile du Védanta, c'est l'expérience d'Amma et c'est notre but : rendre le mental parfaitement calme. La vie n'est donc pas dépourvue de sens ; son but, le sens du plaisir et de la douleur, c'est de nous ramener à notre source, le Soi.

Quel est le but des différentes sadhanas ?

Question : « Quelle différence y a-t-il entre les résultats obtenus en psalmodiant les noms divins et les fruits de la méditation ? Est-il nuisible de ne pratiquer qu'une seule de ces disciplines, en excluant l'autre ? »

Le but de toute *sadhana*, quelle qu'elle soit, qu'il s'agisse d'une forme de *sadhana* dévotionnelle, comme les *bhajans* ou la *puja* ou bien de la méditation et de l'introspection, est d'obtenir la concentration du mental pour finalement faire l'expérience de la réalité, percevoir la réalité. La condition nécessaire pour faire l'expérience de l'*atman*, du Soi, c'est d'avoir un mental concentré sur un seul point, calme. Quand nous chantons des *bhajans*, le cœur se calme et le mental se concentre dans le cœur. Quand nous méditons, le mental s'aiguise. Il se calme et nous nous concentrons sur un seul point. Vous avez peut-être remarqué que lorsque vous ressentez plus de dévotion, vous obtenez aussi plus de concentration ; vous êtes focalisé sur un seul point. Et quand vous êtes concentré, vous ressentez plus de dévotion. Les *bhajans* mènent donc à la méditation, la méditation mène aux *bhajans*. Il ne s'agit pas de faire l'un ou l'autre. Ils sont liés et il est impossible de les séparer. Certains sont portés naturellement à la dévotion, d'autres à *jnana*, la connaissance. Il est possible de se consacrer totalement à l'une ou à l'autre ou bien de les mélanger ; cela n'a pas d'importance parce que tous les chemins mènent à Rome. Et l'un accroît l'autre. Notre inclination et la force du mental sont susceptibles de varier, le type de *sadhana* que nous suivons peut donc également changer.

Où allons-nous après la mort ?

Question : « Si quelqu'un commet beaucoup d'actes mauvais, qu'on le condamne à mort et qu'on l'exécute, sa mort va-t-elle réduire le mal sur cette planète ? Si oui, augmentons-nous le mal qui existe de l'autre côté en exé-cutant des assassins ? »

C'est une question très étrange. Le fait d'éliminer ceux qui font le mal réduit sans aucun doute la quantité de mal en ce monde. Comme le dit Sri Krishna, et nous venons de le lire :

« *Pour la protection des bons, la destruction des méchants, et l'établissement du* dharma, *je m'incarne d'âge en âge.* »

Pourquoi Bhagavan vient-Il donc en ce monde ? Un des buts de sa venue est la destructions de ceux qui font le mal. Il semble que la Terre, Bhudevi, soit un être vivant. Ce que nous considérons comme la Terre est le corps physique d'une déesse, Bhudévi. Quand les êtres malfaisants sont trop nombreux, elle a le sentiment d'un poids très lourd ; elle en souffre et prie Narayana, (Vishnou) : « S'il Te plaît, réduis mon fardeau, il me semble si lourd. » C'est alors qu'un *avatar* vient sur Terre. Quand tout va trop mal, quand le déséquilibre est trop grand, le Seigneur vient. En ce qui concerne l'augmentation du mal de l'autre côté, nous n'avons pas besoin de nous en inquiéter. Il existe un monde spécial pour ceux qui ont fait le mal, une fois qu'ils ont quitté leur corps. Ils ont leurs propres logements. Cela s'appelle *Naraka-loka*, l'enfer. Il n'existe pas un seul enfer, mais quelque chose comme vingt-sept enfers distincts. C'est un lieu très vaste. Là, ils n'ont pas la liberté de faire le mal. C'est une vie de souffrance et de châtiment.

Et puis il y a le Ciel. C'est un endroit où on prend du bon temps. Tout y est plaisant, mais que cela vous plaise ou non, vous devez également y passer le temps voulu. Certains ne souhaitent pas seulement prendre du plaisir. Ce sont des dévots. Ils vont à Vaikunta ou au Mont Kailash, Shivaloka ou Goloka. Ou bien encore ils désirent peut-être aller au Ciel où se trouve Jésus ou Mahomet. Il existe un grand nombre de mondes célestes. Là, ils goûtent les joies de la dévotion, comme nous le faisons ici, ils apprécient les *bhajans* et ce genre de choses. Ils vont donc là, ils ont des *bhajans*, des *satsang* et toutes sortes de choses spirituelles, et ils ne sont pas libres de refuser. Où que vous alliez, on vous fait faire ce qui vous a été assigné. Quand vous passez dans les autres mondes, vous êtes contraint d'y rester jusqu'à ce que le temps imparti soit révolu, puis vous revenez dans ce monde. Vous passez de l'un à l'autre, indéfiniment, jusqu'à ce que vous soyez fatigué de cet état de choses et qu'enfin, vous plongiez dans le Soi, dans la lumière intérieure de l'*atman*, vous réveillant de ce long rêve. C'est la béatitude suprême. C'est la fin de l'histoire.

La manière dont Amma nous sculpte

Question : « J'ai constaté qu'en priant Amma, ou même simplement en lui demandant d'exaucer certains de mes désirs, je peux lutter contre différentes formes d'infortune. Mais le fait de prier pour obtenir ces choses crée une distraction et me prive de la béatitude que j'éprouve parfois quand je suis proche d'elle. Cela signifie-t-il qu'il ne faut pas prier pour demander de l'aide et laisser les calamités nous atteindre si tel est notre *prarabdha* ? Ou bien, si l'on ne désire pas vraiment l'attention extérieure d'Amma, simplement sa grâce, ne recevra-t-on aucune attention ? Si de nombreux malheurs nous arrivent, devons-nous simplement continuer notre *sadhana* et considérer cela comme la volonté d'Amma ? »

Nous avons tous le sentiment d'un manque. Certains souffrent réellement, physiquement ou mentalement. Nous venons donc trouver Amma et que fait-elle ? Elle pose sur nous le regard d'un sculpteur sur une pierre. L'histoire raconte que Michel-Ange, en passant un jour dans une rue, longea un chantier et vit dans la cour de nombreux blocs de granite qui n'avaient pas été employés pour la construction. Ils allaient être mis au rebut quand Michel-Ange intervint : « Attendez, attendez, arrêtez ! Je veux cette pierre. Je suis même prêt à la payer. » Les ouvriers lui demandèrent : « Mais pourquoi voulez-vous cette pierre inutile ? » Il répondit : « Vous n'y voyez qu'une pierre inutile mais moi j'y vois un ange. Cela exige simplement un peu de travail. Mettez cette pierre dans la cour de ma maison et j'en ferai un ange. » Un sculpteur voit donc le potentiel contenu dans une pierre.

Ainsi, quand nous arrivons auprès d'Amma, nous avons des désirs variés. Mais comment Amma nous voit-elle ? Elle voit en nous le *Paramatman*, *Brahman*, Dieu. Elle sait que cela exige simplement un peu de travail : il suffit que nous soyons déposés dans sa cour. Mais la pierre ne veut pas rester tranquillement dans la cour : elle veut se sauver en roulant. Alors Amma nous attache en manifestant son amour, son affection, sa sollicitude. Elle nous montre qu'elle sait tout, qu'elle voit notre cœur, qu'elle sent ce qu'il éprouve. Et elle l'enchaîne pour qu'il ne puisse plus se sauver.

Elle nous manifeste toujours plus d'amour et d'affection, plus de sollicitude. Mais ensuite, oh !, elle prend le marteau, le ciseau et « Aïe, ce coup-là fait mal ! » mais peu à peu, un coup par ici, un coup par là, et la forme commence à changer. Cela fait peut-être parfois un peu mal, mais Amma nous donne alors une caresse et un baiser, puis encore un coup de ciseau par ici, un coup par là. Amma établit tout d'abord un lien. Elle nous dit : « Ne t'inquiète pas, je suis toujours avec toi. » et elle nous le montre. Puis elle commence à dégrossir, à dessiner les contours, tout en continuant à nous manifester son amour, son affection et sa compréhension. A ce stade, nous aurons sans doute encore quelques difficultés. Nous venons auprès d'Amma en croyant qu'elle va aplanir toutes les difficultés et que nous allons être heureux. Amma sait que nous ne guérirons pas ainsi. Nous avons besoin d'un renouveau complet. Alors elle nous laisse quelques difficultés. Elle en ôte certaines, elle en laisse d'autres pour nous obliger à lutter et à devenir forts. Celui qui fait de la muscula-tion pour avoir de gros muscles a besoin d'un poids lourd pour s'exercer. Elle nous laisse donc quelques difficultés à sur-monter, sinon comment pourrions-nous prendre de la force ? Comment pourrions-nous parvenir au détachement, acquérir de la patience ? Comment pourrions-nous développer toutes les qualités dont nous avons besoin ? Elles ne viendront pas d'elles-mêmes ; il faut certaines circonstances pour qu'elles se développent.

De temps en temps nous recevons peut-être une répri-mande ou une correction. C'est le coup de ciseau. A cette étape, il s'agit encore d'une ébauche. Puis lentement, à cause de notre expérience avec Amma, notre foi grandit. Nous sommes convaincus qu'elle fait réellement quelque chose pour nous, qu'il ne s'agit pas d'une chose superficielle ; notre relation avec elle ne se résume pas à venir lui rendre visite, puis à repartir et voilà tout. Non, notre vie change, notre personnalité se purifie, nous arrivons à ressentir un peu de dévotion, un peu de concentration. Mais dans le même temps, les difficultés persistent. Peut-être même augmentent-elles tandis qu'Amma continue à ciseler, à marteler et que notre forme change, se transforme. Et quand la forme commence à se dessiner, nous commençons à sentir Amma à l'intérieur de nous, à prendre conscience du fait que ce qui apparaît à l'extérieur sous la forme d'Amma est aussi à l'intérieur de nous, que c'est notre Soi réel, la présence de Dieu.

Alors il n'est plus question de jamais quitter Amma, elle est toujours là. Il n'est plus question de prier Amma parce qu'elle brille constamment en nous. Nous savons alors qu'il n'est pas nécessaire de prier parce qu'elle prend soin de tout, jusqu'à la mort. Après tout, imaginons qu'Amma supprime tous nos problèmes et que tout soit rose. Eh bien, allez-vous vivre éternellement ? Non, finalement la mort vient. Et que ferons-nous alors à ce moment-là ? C'est maintenant que nous devons nous y entraîner ; il s'agit de s'abandonner à Dieu. Grâce à l'abandon de soi, la lumière divine augmente en nous, les ténèbres de l'individualité et de l'ignorance diminuent et finalement il ne reste plus rien excepté Amma. Alors la question de la prière ne se pose plus. Toute difficulté semble un rêve. C'est la fin de la souffrance. Voilà ce qui arrive, voilà ce qu'Amma fait de nous quand nous venons à elle.

Les rêves sont-ils une source fiable de conseil et d'inspiration ?

Question : « Pouvons-nous être guidés par ce qu'Amma nous dit en rêve ? Si nous prions pour recevoir des instructions et que quelqu'un suggère une solution à un problème, pouvons-nous considérer que cela vient d'Amma ? »

Je ne pense pas que les rêves soient une source fiable, qu'ils puissent nous guider et nous inspirer. C'est parfois le cas et parfois non, personne ne sait quand ils le sont et quand ils ne le sont pas. Je dirais la même chose au sujet des gens. Si nous avons un problème, que nous prions Dieu et que quelqu'un nous donne une réponse, nous rencontrerons peut-être les pires difficultés si nous l'écoutons. D'une part, tout est instrument de Dieu et nos rêves viennent de Dieu, et d'autre part, nous nous attirons un tas d'ennuis. Dépendre des autres comme instruments de Dieu ou bien interpréter les rêves comme des messages de Dieu ou du *guru*, rien de cela ne fonctionne de manière infaillible. Nous devons faire preuve de discernement. Il arrive que les dévots deviennent crédules, c'est très mauvais. N'importe qui peut les aborder et ils sont aussitôt convaincus que tout ce qui sort de la bouche de cette personne leur est envoyé par Dieu pour les guider. Il ne faut pas en arriver là.

Je me rappelle par exemple que quand je suis arrivé en Inde, je croyais que tout barbu était un *mahatma*. En sortant de l'aéroport de Calcutta, j'ai vu un chauffeur de taxi portant une longue barbe et j'ai aussitôt sauté de joie : « Un *mahatma*, j'ai enfin vu un *mahatma* ! » Et j'ai dit à mon frère : « Regarde ses yeux, ils sont si pleins de lumière. » Je me trompais probablement. C'était de la crédulité. Il est bon d'être innocent, mais il n'est pas bon d'être sot. Il est vrai qu'il nous arrive d'avoir des rêves qui nous révèlent certaines choses et qui nous guident. Mais nous ne pouvons pas nous fier à tous. Acceptons les bons rêves, suivons un peu ce qu'ils nous indiquent et voyons si cela nous aide. Sinon, il vaut mieux laisser tomber. Ne devenez pas le dévot de vos rêves, ne croyez pas tout ce qu'on vous dit, ne suivez pas les conseils de tout le monde. Si vous tombez malade, savez-vous ce qui se produira ? Si vous vivez dans une communauté de quinze personnes, on vous prescrira quinze traitements différents et vous finirez à moitié mort. Chacun donnera son avis, conseillera son remède. Il faut donc faire attention et user de discernement.

Acceptez la vie et la mort comme la grâce d'Amma.

Question : « Nous sommes des dévots et nous vivons dans cette région, la Californie, où des séismes se produisent fréquemment. Que nous conseille Amma pour nous protéger et protéger notre famille ? La ville de San Francisco va-t-elle un jour sombrer dans l'Océan Pacifique ? »

Certains d'entre vous se sont peut-être demandé pour-quoi je parlais au Dr. Iyer juste avant de venir. Je voulais avoir l'avis de notre spécialiste des tremblements de terre. Au cas où, nous avons notre propre sismologue. (*rires*) Malheureusement, le Dr. Iyer ne peut pas arrêter le tremble-ment de terre, mais il peut nous dire ce qui va se produire. Selon lui, la Californie ne sombrera pas dans l'océan. Il y aura tout au plus un glissement de terrain sur environ cent cinquante kilomètres. Cette partie de la côte ne s'effondrera pas dans l'océan, mais glissera vers le nord et vers le sud. Voilà la conclusion à laquelle on parvient en examinant la ligne de faille. Il se peut que le glissement soit important, jusqu'à douze mètres, mais la côte ne va pas s'effondrer dans l'océan avec nous dessus. Cela n'arrivera pas ; un tel scénario est imaginaire. Au cours de dizaines de millions d'années, il se peut que la côte, très lentement, glisse dans l'océan. Mais cela n'arrivera pas en un jour, pas ainsi.

Voilà le point de vue de la science. Personne ne sait quand le tremblement de terre se produira, mais tout le monde sait qu'il y aura dans cette région un séisme important. Que nous conseille Amma ? Rien de spécial. Il s'agit de poursuivre nos activités sans nous inquiéter à chaque instant de ce qui risque d'arriver car nous ne serions plus qu'un paquet de soucis, nous ne pourrions plus vivre. De toutes façons, notre destin est déjà fixé. Avant notre naissance, la manière dont nous quitterons le corps a déjà été décidée. Nous ne pouvons rien y changer, alors pourquoi nous en inquiéter ?

Voici l'histoire d'un homme à qui un astrologue avait prédit qu'il mourrait dévoré par un alligator. Toute sa vie, il évita de s'approcher de l'eau. Mais alors qu'il était déjà très âgé, son petit-fils tomba dans une rivière. Il se précipita pour le sauver et juste à ce moment-là, un alligator surgit et le dévora. Si notre destin est d'être victime d'un tremblement de terre et même de quitter le corps à cette occasion, qu'il en soit ainsi. Inutile de nous en inquiéter ou d'avoir peur. Inutile même d'avoir peur de la mort. Soyons simplement vigilants et conscients que la mort peut survenir à tout instant, pour une raison ou une autre. Votre cœur peut cesser de battre ; il n'y a pas besoin d'un tremblement de terre. Le corps est une petite machine délicate et un rien suffit à enrayer le mécanisme : le cœur cesse de battre, un accident de voiture, quelqu'un vous tire dessus. N'importe quoi peut arriver. Il y a tant de manières de mourir ! Ce n'est pas ce qui manque.

Mais comme le dit le roi Youdhistira dans le Mahabharata, le plus surprenant en ce monde, c'est que chacun croit que la mort concerne uniquement les autres. Il s'agit d'une illusion, mais elle contient une part de vérité. Pourquoi avons-nous le sentiment que nous ne mourrons jamais ? Chacun a ce sentiment, même les plantes et les animaux, parce qu'en réalité, nous ne mourons pas : le corps meurt, mais pas nous. Nous sommes témoins de la mort du corps et nous continuons à vivre en tant qu'*atman* (âme). Le corps, lui, doit mourir, c'est certain. Comme le dit Amma, tout ce qui est né meurt, et ce qui n'est pas né ne meurt pas. Le corps est apparu. Nous y sommes reliés, nous y sommes attachés, il va nous quitter et nous serons ensuite ce que nous étions avant de naître. Nous n'en avons pas le souvenir, voilà tout. Notre mémoire est courte. Nous ne nous rappelons même pas ce qui est arrivé hier, que dire du moment de notre naissance ou de ce qui a précédé ? Cela ne signifie pas que nous n'existions pas.

Nous avons pris refuge en un *satguru*, en Amma, un être uni à *Brahman*. Elle dit qu'elle prendra soin de toute personne qui établit ce lien avec elle, éternellement. C'est ce lien qu'il nous faut établir, il suffit d'une fois. Prenez refuge en Amma. Alors elle s'occupera de vous pour l'éternité, dans toutes vos vies futures, jusqu'à ce que vous vous fondiez dans le Soi. Inutile de prier indéfiniment : « O Amma, Amma, je t'en prie, sauve-moi. M'as-tu entendu la dernière fois ? Au cas où tu ne m'aurais pas entendu, je te le demande encore. Dois-je parler plus fort ? Je n'ai pleuré que cinq minutes la dernière fois, alors je vais pleurer dix minutes cette fois-ci, au cas où. » Cela n'est pas nécessaire. Il suffit qu'une fois, dans votre cœur, vous imploriez Amma en disant : « Amma je t'en prie, sauve-moi, je prends refuge en toi. » Alors elle vous sauvera, c'est certain, elle en a fait la promesse.

Dans le Ramayana, quand Vibhishana, le frère de Ravana, l'ennemi de Rama, est venu prendre refuge en Sri Rama, Celui-ci a déclaré : « Je promets que tout être qui prend refuge en moi ne serait-ce qu'une fois est mien et que je m'occuperai éternellement de lui. » Inutile donc de nous inquiéter à propos de notre vie, de notre mort et des souf-frances que nous allons traverser. Tout est le *prasad* d'Amma et nous devrions l'accepter comme tel. La douleur et le plaisir, tout est *prasad*. Sri Krishna a libéré une foule de rois qui allaient être tués en offrande dans un sacrifice humain. En les libérant, Il leur a dit : « Considérez tout ce qui vous arrivera à l'avenir comme mon *prasad*. Votre mort, vos souffrances, votre renaissance, vos plaisirs sont mon *prasad*. Tout est mon *prasad*. Considérez les choses ainsi. Faites votre *sadhana* et considérez votre vie comme mon *prasad*, mon cadeau. » Essayez donc de vous accrocher à cela : même si la terre tremble, quoi qu'il arrive, acceptez-le comme le *prasad* d'Amma.

Mieux vaut atteindre le silence intérieur que parler aux autres

Question : « Récemment, j'ai raconté une expérience que j'avais eue au cours d'une méditation à un autre dévot. Je me suis fait réprimander et on m'a dit qu'il ne fallait parler à personne de ses expériences. Le fait de partager des expé-riences spirituelles dissipe-t-il l'énergie bienfaisante ? »

Eh bien avant de raconter ses expériences, il faut soigneusement peser ses motivations. Et pas seulement dans ce cas. Avant de dire ou de faire quoi que ce soit, nous devrions réfléchir à ce qui motive notre action ou notre parole. Lorsqu'il s'agit d'une expérience spirituelle, pourquoi désirons-nous la partager ? Est-ce pour inspirer l'autre ? La personne a-t-elle le désir d'être inspirée ? Ou bien est-ce pour impressionner autrui, pour qu'il ait une grande opinion de nous ? Si notre but est d'inspirer les autres, assurons-nous d'abord que nous sommes capables d'inspirer autrui ou que les autres attendent de nous cette inspiration. Et si c'est le contraire, si c'est l'ego qui nous pousse à parler, alors il s'agit de faire attention. Parce que dans la vie spirituelle, plus nous nourrissons l'ego, plus nous nous éloignons de Dieu. C'est l'ego qui voile le soleil, le soleil de Dieu, et l'empêche de briller dans notre cœur.

Il était une fois un disciple qui avait cette *vasana*. Il voulait toujours impressionner les autres avec ses expériences spirituelles.

Alors il disait toujours devant le *guru* : « Oh ! *guru*, j'ai eu telle méditation, j'ai vu ceci, j'ai vu cela. Oh quelle béatitude ! » Et il s'assurait que les autres étaient présents et l'entendaient. Les *gurus* ne sont pas stupides. Même si nous ne sommes pas conscients des motifs de notre action, le *guru*, lui, les connaît. « Inutile de lui parler. Il faut que je l'éloigne de cette atmosphère, que je l'envoie faire sa *sadhana* ailleurs. C'est seulement ainsi qu'il arrêtera de dissiper son énergie et de nourrir son ego, » songea le *guru*. Il l'envoya donc dans un lieu saint comme Vrindavan ou Ayodhya et lui dit : « Ecris-moi tous les six mois pour me faire part de tes progrès spirituels. »

Ce disciple fut envoyé au loin pour pratiquer sa *sadhana*. Il était seul. C'est une bonne manière de faire une *sadhana* si vous avez un *guru*. Si vous n'avez pas de *guru*, mieux vaut ne pas agir ainsi. Il faut avoir un *guru*. Au bout de six mois, il écrivit une lettre : « Cher *guruji*, *pranams*. Ma méditation va très bien, je médite tant d'heures par jour et j'obtiens une bonne concentration. Je vois des lumières, je vois des formes divines, etc. » Six mois plus tard, une autre lettre arriva. « Ô Guruji, je vole vraiment haut. Je vois Dieu en tout ; la lumière divine entoure toute chose et je suis rempli de béatitude. » Au bout de six mois encore : « Cher *guru*, ma méditation est bonne. » Il ne disait rien de plus dans sa lettre. Puis au bout de six mois (deux ans ont passé) : « Cher guruji, *pranams*. » Six mois passèrent encore et il n'y eut plus de lettre. Et au bout d'un an, toujours aucune lettre. Au bout d'un an et demi, le *guru* l'envoya chercher. Il revint donc, se prosterna simplement devant le *guru* et s'assit tranquillement dans un coin.

Le *guru* dit alors : « Allez, raconte-nous, raconte-nous. Cela fait tant de jours que nous attendons. Que se passe-t-il ? Comment va ta méditation ? » Il ne répondit rien. « Allez, dis-nous. Tu étais toujours si agité, tu voulais nous raconter toutes tes expériences et à quel point ta méditation était bonne. » Pas de réponse. Puis il finit par dire : « Qu'y a-t-il à dire, mon *guru* ? Le mental est devenu si calme que je ne peux plus penser. Il n'y a plus de pensées ; rien ne sort de ma bouche. Prononcer ces paroles me demande un grand effort. Et je comprends aussi que je n'existe même pas. Toi seul existes, alors je ne peux même pas dire : « *pranams* ». Il n'y a plus de moi, il n'y a plus que toi. » Voilà le stade que nous devons atteindre. Amma dit : « Le mental doit devenir si tranquille que vous n'avez même plus envie de parler. Vous n'avez plus envie de dire quoi que ce soit. Vous ne pensez même pas ; il n'y a plus que la béatitude, la béatitude paisible et tranquille. Il n'y a aucun besoin de parler. Rien ne vous intéresse plus, sinon de boire à la source intérieure de béatitude. » Tant que nous n'avons pas encore atteint ce niveau, il vaut sans doute mieux ne pas confier nos expériences à autrui.

Om namah Shivaya

fin de la cassette 14 – face B

Questions-réponses, (2)

La semaine dernière, nous avons abordé les vertus spirituelles dont Sri Krishna parle dans la Bhagavad Gita. Nous avons parlé de l'intrépidité, la première et la plus importante, parce que la peur est une des émotions qui agitent le plus notre mental, et nous nous sommes arrêtés là.

La suivante est la pureté du cœur. Ce sont les vertus qu'il nous faut cultiver pour que la conscience divine, la conscience spirituelle se révèle en nous. Il ne suffit pas de faire une *sadhana*, c'est-à-dire de chanter des *bhajans*, de faire du *japa*, de méditer et de rechercher le *satsang*. Ce n'est pas suffisant. Il nous faut également développer ces vertus dans le mental, parce que leurs contraires nous vident de toute l'énergie que nous accumulons par la *sadhana*.

Amma donne l'exemple du sucre et des fourmis. D'un côté vous fabriquez du sucre et de l'autre vous laissez entrer les fourmis. Qu'arrive-t-il ? Au bout d'un moment, il ne reste plus rien. Faire une *sadhana* revient à fabriquer du sucre et laisser les tendances négatives persister revient à permettre aux fourmis d'entrer et de manger tout le sucre. Amma donne toujours cet exemple.

Nombreux sont ceux qui viennent se plaindre à Amma : « Il y a très longtemps que je pratique une *sadhana*. Je médite depuis vingt-cinq, trente ans. J'étais avec telle personne, tel *guru*, et pourtant je n'ai toujours aucune expérience. Que dire de la réalisation ?

Je n'en ai aucune expérience. » Amma donne toujours la même réponse : « Tu as fait une *sadhana*, c'est vrai ; mais il y avait tant de fuites. Ta *sadhana* s'écoulait par tant de trous ! » La colère est le numéro un ! La colère, la peur, les inquiétudes, la haine, la jalousie ! Toutes ces émotions consument l'énergie que vous avez obtenue grâce à la *sadhana*. Pourquoi accumuler de l'énergie ? Parce que si vous conservez votre énergie, vous pouvez sentir la présence de la conscience divine à l'intérieur de vous et faire l'expérience de votre soi réel. Nous dépensons constamment notre énergie. Si nous essayons de la préserver, alors notre *swarupa*, notre nature réelle, se révèlera. Nous com-mencerons à sentir la présence du Divin. C'est aussi simple que cela. Il ne s'agit pas d'attendre que Dieu vienne nous bénir et nous accorder la réalisation du Soi. La seule chose nécessaire, c'est de mener une vie propice à cette prise de conscience ; il s'agit d'arrêter de gaspiller notre énergie. C'est pourquoi ces vertus sont énumérées, parce que la plupart d'entre nous n'ont pas conscience de tout cela. Nous savons ce qu'est la *sadhana* : il s'agit de faire telle ou telle pratique. Mais nous ne connaissons pas les détails.

Soyez innocent comme un enfant

Avoir le cœur pur signifie ne pas tromper les autres, ne pas mentir, ne pas être malhonnête ; en d'autres termes, c'est être innocent comme un enfant. Comme vous avez dû le remarquer, tous les enfants ne sont pas innocents. Certains le sont plus que d'autres ; certains ont très peu d'innocence. Il s'agit donc d'être comme un enfant innocent. Imaginez l'enfant le plus innocent que vous ayez jamais vu et essayez d'être comme lui. Il ne s'agit pas d'être infantile. Il s'agit de faire preuve à la fois de maturité, de sagesse et d'innocence enfantine.

Pourquoi tout le monde est-il attiré par un enfant innocent ? Le plus grand des *mahatmas* comme le sot le plus ordinaire éprouve de la joie en voyant un enfant innocent. Tout le monde a envie de l'approcher, de le toucher, de passer un moment à le regarder. C'est le Divin, c'est Dieu qui nous fascine ainsi. Regardez Amma : cette nature innocente se révèle parfaitement chez elle. Elle possède à la fois une maturité totale, ancrée dans le Divin, et cette innocence. Un être qui possède cette innocence, qu'elle soit innée ou acquise, peut être certain de recevoir la grâce de Dieu. D'une manière ou d'une autre, il sera toujours protégé par Dieu. Une âme innocente est extrêmement chère au *guru*, à Dieu. Elle n'a peut-être aucune autre vertu et il s'agit peut-être en apparence d'un être inutile, incapable dans tous les domaines. Mieux vaut n'avoir aucun don mais être innocent plutôt que très intelligent et habile. L'innocence est ce qu'il y a de mieux ; un être innocent obtient la grâce de Dieu et progresse dans la vie spirituelle.

L'histoire du gardien innocent qui sauva son peuple

Une histoire intéressante raconte comment un être très innocent reçut la protection de Dieu. Cela se passait il y a bien longtemps. Un certain roi était tombé sous l'influence de conseillers malhonnêtes, pas du tout innocents. (Encore une histoire de roi, n'est-ce pas, mais puisque tout le monde les aime...) Ces conseillers lui dirent : « Sire, il y a dans la ville une communauté religieuse dont les membres sont indésirables. Il faut leur demander de quitter le royaume. » C'était un problème de jalousie, et ils ont convaincu le roi qu'il fallait expulser ces gens. Quand la communauté religieuse apprit la nouvelle, elle envoya des messagers qui dirent au roi : « Que se passe-t-il ? Nous n'avons rien fait de mal et vous nous demandez de partir ? De prendre ce que nous avons mis des générations à construire, notre vie, nos affaires et notre culture, et de plier bagage ? C'est injuste ! » Le roi répondit alors : « D'accord, faisons un marché. Nous allons organiser un débat. Si vous gagnez, vous pourrez rester. Le débat sera sous forme de pantomime, nous nous expri-merons par le langage des signes. Pas de paroles, il s'agira d'un débat muet. »

Une dispute allait donc avoir lieu. Les délégués rentrèrent chez eux et tous les chefs religieux se rassemblèrent dans le temple. Les grands érudits, les pandits, discutaient : « Qui va représenter notre peuple devant le roi ? » Personne n'était volontaire. C'était une terrible responsabilité car en cas de défaite, le peuple entier serait chassé de la ville. Tout le monde avait peur, personne ne voulait être l'adversaire du roi. Pendant ce temps, le gardien, celui qui balayait et surveillait le temple, était tout ouïe. « Qu'y a-t-il de si difficile ? Je vais aller débattre ! »

« Toi ? Mais tu ne sais rien ! Tu ne sais que tenir un balai ! Au fond, qu'avons-nous à perdre ? ... »

« Aucun de vous n'est prêt à le faire, laissez-moi donc essayer, » dit le balayeur.

« Très bien, qu'il y aille, peu importe, » répondirent-ils.

Il alla donc trouver le roi et le lendemain, tout était prêt pour le débat. Le roi affirma un premier point : il pointa le doigt vers l'horizon. Alors le gardien pointa le doigt vers le sol. Puis le roi leva un doigt et le tint devant le visage du gardien. Celui-ci répliqua en montrant trois doigts et en les approchant du visage du roi. Sur ce, le roi sortit une pomme de sa poche et la montra à la ronde. Alors le gardien sortit d'un sac en papier une tranche de pain. Le roi déclara alors : « Tu as gagné, vous pouvez rester ! » et il rentra dans ses appartements. Les conseillers, qui l'attendaient, lui deman-dèrent : « Que s'est-il passé, votre Majesté ? » « Jamais je n'aurais pu vaincre cet homme. Il est brillant, c'est un génie. Nous n'avons aucun philosophe de cette envergure dans le pays », répondit le roi. « Que voulez-vous dire, votre Majesté, que s'est-il passé ? » demandèrent les ministres.

« Eh bien, j'ai pointé le doigt vers l'horizon, ce qui voulait dire que Dieu gouverne le monde entier. Alors il a montré du doigt le sol. Il voulait dire : « C'est vrai, Dieu gouverne le monde entier, mais il existe un endroit appelé l'enfer où quelqu'un d'autre règne, c'est le diable. » Puis j'ai montré un doigt pour affirmer : « Dieu est Un » et il a montré trois doigts pour dire : « Dieu est un, mais il se manifeste sous l'aspect du Créateur, du Protecteur et du Destructeur. » J'ai alors pensé : « Que faire, face à cet homme ? Mieux vaut changer de sujet. » J'ai donc sorti la pomme que j'avais dans la poche et je la lui ai montrée, faisant ainsi allusion aux dernières théories qui disent que la terre est ronde. Il a alors sorti une tranche de pain, me répondant que selon la tradition et les Ecritures, la Terre est plate. Alors je me suis dit que puisque même dans le domaine des sciences, il était imbattable, il valait mieux abandonner. Qu'ils restent. »

Pendant ce temps, de l'autre côté, ils étaient fous de joie ! Ils portaient le gardien en triomphe dans les rues, il y avait un grand tumulte ! Ils portèrent enfin notre homme au temple et lui demandèrent ce qui s'était passé. « Félicitations ! Que s'est-il passé ? Comment as-tu triomphé du roi ? » « Triomphé ? Tout était parfaitement absurde. » dit-il « Comment cela, parfaitement absurde ? » « Eh bien tout d'abord le roi a montré l'horizon. Il voulait dire : « Vous devez quitter le pays », alors j'ai montré le sol pour affirmer : « Non, nous allons rester ! » Alors il a levé un doigt devant mon visage pour dire : « Tu es un type très arrogant ! » alors j'ai montré trois doigts, signifiant : « Tu es trois fois plus arrogant ! » Ensuite il a sorti son déjeuner, j'ai donc aussi sorti le mien. »

C'est cela, un homme innocent. Si nous essayons de devenir pareil à un enfant, si nous pensons à la manière dont un enfant se comporte, il est très facile de devenir comme cet homme. Vous vous rappelez quand vous étiez enfant ? Je me rappelle. Chez moi, il n'y avait aucune religion. Les gens de ma famille ne se préoccupaient pas du sujet. Et pourtant, je me rappelle qu'enfant, je regardais le ciel et j'imaginais que les nuages étaient Dieu. Il avait de longs cheveux blancs et une longue barbe blanche, et de là-haut, il regardait tout le monde.

J'avais un cousin qui était aussi mon meilleur ami et nous jouions toujours ensemble. Quand nous étions très jeunes, j'avais peut-être sept ans, nous jouions avec des avions en papier, vous savez, des pliages. Ces avions en papier ne volent pas très bien. Mon cousin était donc à environ deux mètres de moi, il a levé la main et il a dit : « Si l'avion me touche la main, je te donnerai tout l'argent que j'ai dans ma poche. » Sans doute environ dix cents ! J'ai fermé les yeux et j'ai prié pour que l'impossible se réalise. « Ô Dieu, fais que l'avion atteigne sa main. Je veux ces dix cents plus que n'importe quoi. » Je n'étais pas très ambitieux. J'ai donc lancé l'avion, il est allé un peu partout et finalement, il a touché la main de mon cousin ! Oh, c'était comme le *samadhi*, j'étais en extase. Dieu existait, je le sentais bien, je savais qu'Il s'occupait de moi, qu'Il avait entendu mes prières. J'étais sûr de l'existence de Dieu, c'était naturel à cet âge-là. Parfois, quand j'entendais dire qu'un de mes amis allait déménager parce qu'un de ses parents avait trouvé du travail ailleurs, le soir, je priais : « Oh mon Dieu, fais qu'ils ne déménagent pas » Et le lendemain, mon ami m'annonçait : « Au fait, mon père a perdu son nouveau travail, nous ne déménageons pas. Nous restons ici. » Les parents de mes amis ont ainsi souvent perdu leur nouvel emploi. Je croyais donc en Dieu, même si les gens de ma famille n'y croyaient pas. C'est que j'étais un enfant. Puis j'ai grandi, et je suis devenu indifférent, comme eux. C'est ce qui arrive : en grandissant, on perd cette innocence.

Un petit enfant avait fait une bêtise. Quoi donc ? Il avait volé un biscuit ! Une maman fait parfois des gâteaux, et elle n'aime pas qu'on les vole. Ils sont pour le dîner, ou pour plus tard. Il ne faut pas rentrer dans la cuisine et voler les biscuits qui sortent du four. Mais cet enfant en avait volé deux. Sa maman lui a dit : « Sais-tu que quand tu as volé les biscuits à la cuisine, Dieu était là ? » « Oui, maman. » « Sais-tu qu'Il te regardait ? » « Oui, maman » « Et qu'est-ce qu'Il t'a dit, hein ? » L'enfant a répondu : « Nous sommes seuls tous les deux, alors prends-en un pour moi aussi ! » Soyez donc innocent comme un enfant, mais ne volez pas de biscuits, ou alors, donnez-en un à Dieu.

La vertu suivante, c'est la fermeté dans la connaissance et dans le yoga. Qu'est-ce que la connaissance, *jnana* ? *Jnana*, c'est la connaissance du Soi, c'est faire l'expérience du Soi, de notre *swarupa*, notre nature réelle. Le yoga, c'est l'union, ne faire plus qu'un avec cette expérience. Pour cela, nous apprenons d'abord la philosophie du Védanta qui nous dit : « J'ai un corps et un mental, mais je ne suis ni le corps, ni le mental. Ce sont des possessions, comme une voiture ou une maison, la seule différence c'est que d'une certaine manière, je suis relié à eux. Je peux les sentir, les percevoir, mais je suis différent. Cette vie est pareille à un rêve. Tout semble si réel maintenant, mais seul l'instant présent est réel. Tout le reste, le passé et le futur, est semblable à un rêve. »

Si vous arrivez à calmer le mental instable, vous ferez l'expérience du Soi. Tout le Védanta nous enseigne donc à rester tranquille, à calmer le mental. Vous êtes-vous déjà trouvé dans la nature, surtout le soir, quand la nature devient si calme et tranquille ? Quand le soleil se couche, vers six heures et demie ou sept heures, tout s'endort, les oiseaux s'arrêtent de gazouiller, les animaux sont silencieux et j'ai souvent constaté que tout devenait tranquille, tout, excepté une chose. Quoi donc ? Le mental. On peut alors le percevoir très clairement. La nature extérieure est paisible, mais la nature intérieure, le mental, continue comme d'habitude.

Si nous parvenons à faire taire ce bavard qui ne cesse de s'agiter et de parler pour qu'il reste tranquille, nous ferons l'expérience de notre *swarupa*, de l'*atman*, du Soi. C'est la seule condition, il n'y en a pas d'autre. La spiritualité consiste à calmer le mental. Il existe différentes manières, la dévotion par exemple ou bien la connaissance. Mais il s'agit de calmer le mental et d'arriver à la concentration. Il s'agit de connaître notre Soi réel, le « je » qui est en nous.

Bien qu'ils vivent dans un monde matérialiste, nombreux sont ceux qui désirent savoir ce qu'il y a au-delà de ce monde. Peut-être que toutes les personnes assemblées ici ont ce désir. Elles ne croient pas qu'il n'y ait que le néant après la mort. Elles croient qu'il existe autre chose, invisible à nos yeux. Parce qu'elles ont eu le *darshan* d'Amma ou parce qu'elles ont un lien avec Amma et ont étudié son enseignement, elles croient qu'il existe quelque chose au-delà de cette vie, au-delà de ce monde physique. Dieu. Je veux voir Cela, je veux connaître Cela, en faire l'expérience. Si tel est votre désir, savez-vous où il faut regarder ? A l'intérieur. C'est l'endroit le plus proche. Inutile d'aller Le chercher dans des galaxies lointaines, à des millions d'années lumière. Dieu n'y sera pas plus présent qu'Il ne l'est à l'intérieur, au cœur du mental.

Trouvez d'abord Dieu en vous-même

Un jeune homme vint un jour trouver un *mahatma* et lui dit : « Swamiji, Je veux voir Dieu, je veux Le rencontrer. J'ai entendu dire qu'Il était grand, qu'Il était le plus grand et je veux Le voir, Le rencontrer. »

Le swami dit alors : « Je vais te Le présenter, mais tu dois d'abord me dire qui tu es. »

« Swamiji, où est le problème ? Je suis le prince du village, voilà qui je suis. »

« Non, ce n'est pas ce que tu es. C'est ton corps. Es-tu le corps ? »

« Oui, je suis le corps. »

« Comment pourrais-tu être le corps ? » Il attrapa le nez du prince et le pinça. « Es-tu le nez ? » Il lui attrapa l'oreille et la tordit. « Es-tu l'oreille ? Si tu es le corps, alors tu es aussi le nez et l'oreille. »

« Oh, dit le prince, je me trompe Swamiji ; ces parties de mon corps m'appartiennent ; c'est mon nez, c'est mon oreille. S'il vous plaît, arrêtez de me tordre l'oreille. »

« Très juste, elles t'appartiennent ; elles ne sont pas toi. Alors qui es-tu ? »

« Je dois être l'esprit. »

« Comment pourrais-tu être l'esprit ? Il est parfois agité, parfois en paix, parfois heureux, parfois triste, parfois obtus, parfois pointu. Il t'arrive bien plusieurs fois par jour de dire « mon esprit » ? »

« Ah, vous avez raison, Swamiji, je suis autre chose. L'esprit aussi m'appartient, il n'est pas moi. »

« Alors qui es-tu ? Dis-moi d'abord qui tu es et ensuite je te présenterai à Dieu. »

Le jeune homme resta assis les yeux fermés. « Je ne sais pas qui je suis. Là vous m'avez bien attrapé. »

C'est le problème de la spiritualité et du Védanta ; on peut comprendre jusqu'à ce point, et puis il est impossible d'aller plus loin, sinon en pratiquant une *sadhana*, en faisant du *tapas*.

« Ecoute, je vais te poser une question : Qu'as-tu fait aujourd'hui avant de venir ici ? »

« Eh bien, je me suis levé, je suis allé à la salle de bains, j'ai pris ma douche, j'ai bu une tasse de café, j'ai lu le journal et je suis venu ici. »

« C'est tout ? Tu n'as fait que cinq ou six choses ? »

« C'est tout, Swamiji, après tout combien de choses peut-on faire le matin ? »

« Non, non, tu as fait des milliers de choses ce matin, des milliers. »

« Je ne me rappelle rien ; c'est tout ce que j'ai fait. Je ne suis pas si occupé que ça. »

« Non, non, n'as-tu pas digéré ton petit déjeuner ? Tes cheveux ont poussé, n'est-ce pas ? Tes poumons respirent, non ? Et tu transpires aussi. Et la circulation du sang ? N'as-tu pas fait tout cela ? »

« Swamiji, j'ai fait toutes ces choses et en même temps, je ne les ai pas faites. Elles se sont produites spontanément. »

« Elles se sont produites ? Si tu quittais ton corps, si tu mourais, se produiraient-elles encore ? Non ! C'est donc toi qui les fais. Tu ne le fais peut-être pas volontairement ; c'est involontaire. Mais qui accomplit tout cela ? C'est toi ! »

« Oh, Swamiji tout s'éclaire. Il existe quelque chose, une présence qui fait tout fonctionner, le corps, le mental et toutes les actions involontaires. C'est « moi ». Mais ce n'est pas encore tout à fait clair. Pourrions-nous aller un peu plus loin ? »

« Certainement. Quand tu es éveillé, tu es conscient de ce corps, tu existes en tant que corps. Tu as conscience de ce corps en ce monde. Et quand tu t'endors, le corps et le monde disparaissent. Qu'y a-t-il ? Il y a un autre monde, le monde du rêve. Et dans ce monde-là, tu as un autre corps. Tu es conscient de celui-là aussi. Et puis quand tu ne rêves pas et que tu n'es pas éveillé, où es-tu ? Tu es dans le sommeil profond, sans rêves. Le mental est éteint. Il n'y a aucune perception sensorielle mais il

71

y a une conscience. La conscience est présente dans le sommeil profond. Nous aimons tant dormir que nous sommes très malheureux s'il nous arrive d'être privés de sommeil. Imagine, si nous rêvions toute la nuit, chaque nuit ? Oh, ce serait terrible ! Personne ne voudrait aller dormir. Tout ce qui se passe ici dans la journée, nous le reverrions la nuit comme une vidéo. Quand tu dors, tu as conscience, mais de quoi ? L'obscurité et la paix, le repos, la béatitude. Cette conscience est faible, mais elle existe. La conscience qui existe alors, celle du monde des rêves et celle de l'éveil, c'est bien la même, n'est-ce pas ? »

Le prince dit : « Swamiji, maintenant je comprends ; voilà qui je suis. Je suis conscience. »

« Oui. »

« Bien Swamiji. Et Dieu alors ? Vous avez dit que vous me présenteriez Dieu dès que je vous aurai dit qui j'étais ? Je suis conscience. Qui est Dieu ? »

Le swami dit alors : « Regarde les arbres, l'herbe, tout ce qui pousse. Crois-tu que la puissance qui les fait croître soit différente de celle qui fait pousser les poils sur ton corps ? »

« Non, … ce doit être la même chose. »

« Donc qu'est-ce qui fait pousser les poils sur le corps ? »

« Moi »

« Qu'est-ce qui fait croître tout ce qui est sur terre ? »

« La même chose, moi, la conscience. »

« Je viens de te présenter Dieu. Le Soi. Voilà ce qu'est Dieu. Ce qui est en toi, ton Soi, est aussi le Soi de toute chose, et c'est Dieu. En te connaissant toi-même, tu connaîtras Dieu. »

Après avoir compris cette idée, il faut s'en impré-gner : « Je suis conscience » ; méditez là-dessus, essayez d'en faire l'expérience, et vous en aurez un aperçu. Cela viendra. Si vous faites votre *sadhana* correctement, vous saurez par expérience que vous êtes une lumière subtile et vaste, différente du corps physique.

Si vous suivez la voie de la dévotion, vous sentirez la présence de Dieu, cet Etre infini, le plus cher de tous, et si vous suivez la voie du Védanta, vous ressentirez ce même infini comme étant votre propre nature.

Cette expérience viendra, à n'en pas douter, mais pour l'obtenir il faut se donner du mal, et ce n'est pas bon marché. C'est une expérience unique, c'est la béatitude à laquelle rien ne peut se comparer. Tout ce que vous pourrez obtenir en ce monde ne vous apportera jamais qu'un bonheur passager. Le fait d'en avoir plus ne vous rendra pas forcément plus heureux et vous finirez toujours par vous en lasser. Mais l'expérience du Soi est différente. Si vous l'obtenez, vous la trouverez si passionnante, si plaisante, si agréable, que vous en voudrez toujours plus. Jamais vous ne vous en lasserez, jamais elle ne vous ennuiera. Il y a des gens qui déclarent : « Oh, mais qui donc veut Dieu ? Comme ce serait ennuyeux ! Il n'est que « néant », vous savez. Il est comme l'espace. Que peut-on faire avec l'espace ? Je veux quelque chose d'amu-sant, d'intéressant. »

Dieu est ce qu'il y a de plus intéressant. Votre propre Soi est ce qu'il y a de plus passionnant. Si vous parvenez à établir le contact avec lui, il en surgira une fontaine de béatitude ; jamais vous ne vous en lasserez, vous en aurez toujours conscience et vous en serez rempli. Alors vous verrez que tout est rempli de Cela. Quand vous mettez des lunettes de soleil, vous voyez tout en vert. Quand le mental est rempli de la présence divine, vous voyez que tout est recouvert de divinité, c'est comme un océan, *ananda sagara*, l'océan de béatitude. Il ne s'agit pas de quelque chose qui nous dépasse, cette expérience est le but de notre vie ; nous ne sommes pas là pour mener simplement la vie d'êtres humains ordinaires.

C'est ce qu'Amma enseigne. C'est l'*ananda sagara* qui émane d'elle. C'est pourquoi nous aimons tant être en sa compagnie.

Jamais nous n'en sommes rassasiés. Pourquoi ? A cause de cette présence, de cette béatitude ; mais il est également possible de l'obtenir de l'intérieur. En fait, nous *devons* la trouver à l'intérieur. La présence d'Amma a pour but d'éveiller celle qui est déjà en nous. C'est comme une flamme qui en allume une autre et cela doit devenir parfai-tement naturel. Actuellement, vous vous identifiez naturel-lement au corps. Quand vous aurez le sentiment d'être cette présence, cette conscience infinie, vous serez dans l'état de yoga, vous serez établi dans cet état d'identification à l'*atman*. C'est ce dont parle ici Sri Bhagavan. La connaissance de Soi, c'est l'étude et la mise en pratique de notre sujet ; le yoga, c'est l'expérience qui en découle : être Cela.

La charité ouvre le cœur

La vertu suivante, c'est la charité. Quel est le rapport entre la charité et la réalisation de Dieu ? Si je donne beaucoup d'argent, Dieu va me donner la réalisation du Soi. Vraiment, quel drôle de Dieu s'Il agit ainsi ! Alors comment tous les saints qui ont vécu dans la pauvreté sont-ils devenus des âmes réalisées ? Ce n'est certes pas en donnant leur argent : ils n'en avaient pas. Beaucoup de *sannaysis* qui n'avaient rien sont devenus des *jnanis*, des êtres réalisés.

Pourquoi donc la charité, à quoi sert-elle ? Les êtres humains sont généralement très attachés aux objets de ce monde, surtout à l'argent et aux richesses, et cet attachement a une cause. Il peut s'agir d'une question de survie, de plaisir ou de confort. Quelle que soit la raison, cet attachement crée en nous le sentiment très vif de la réalité du monde. Le Védanta et Amma nous disent que ce monde est semblable à un rêve ; nous sommes ici maintenant, et dans une minute nous serons partis. Ne croyez pas que ceci soit votre maison. Ne pensez pas que vous allez vivre éternellement sur cette terre. Vous y êtes venu il y a un petit moment et vous allez bientôt repartir. Le spectacle est de courte durée. Vous êtes sur scène quelques minutes et puis il faut partir. C'est tout. Si vous êtes capable de percevoir qu'il s'agit d'un rêve, alors vous ferez l'expérience de l'*atman*, du Soi. Si le monde vous paraît réel et concret, alors l'*atman* semble un rêve. Ou bien pire encore : nous ne percevons pas l'*atman*, Dieu. Plus le monde nous semble réel et concret, plus Dieu, le Soi, nous paraît abstrait et irréel.

Alors comment se libérer du sentiment que ce monde est bien réel ? Regardez les enfants : ils n'ont pas le sentiment de la réalité du monde. Rappelez-vous, quand vous étiez enfant : le monde était semblable à un rêve. Peu à peu, il s'est solidifié. Vous avez grandi et le monde est devenu dur, raide ; il est devenu réel. Si vous avez le sentiment que le monde est un rêve, vous pouvez être heureux maintenant. La souffrance et la mort font alors partie du rêve, elles n'ont pas tant d'importance. Vous vivez dans une béatitude constante.

L'attachement, voilà ce qui donne à ce rêve une apparence de réalité, voilà ce qui cache la Réalité. Si nous donnons volontairement, nous créons le sentiment de l'irréalité du monde et nous ouvrons notre cœur. La plupart d'entre nous vivent essentiellement dans la tête. Amma dit qu'à notre époque, la majorité des gens sont ainsi. L'intellect s'est dilaté tandis que le cœur s'est rétréci.

Quand quelqu'un appelle : « Hé, vous là-bas ! », vous répondez : « Qui ? Moi ? » en vous montrant du doigt. Vers quelle partie du corps pointez-vous le doigt ? Personne ne montre sa tête en disant : « Qui ? Moi ? » On pointe vers son cœur. Mais non, cela, c'est le cœur physique, mais ce n'est pas celui dont nous parlons. Nous parlons de l'âme, de l'endroit où nous voyons Dieu, où nous faisons l'expérience de l'*atman*. C'est dans le cœur, pas dans la tête. On peut voir beaucoup de choses dans la tête, mais on les ressent dans le cœur. Pour que le cœur puisse ressentir, il faut le développer. Il ressemble à présent à un muscle qui s'est atrophié à force de rester inutilisé. Il faut le faire fonctionner. Un paresseux doit s'activer. Pourquoi ? S'il ne fait rien, il se dissout, en quelque sorte. De même, si vous n'employez pas votre cœur, il se dessèche. Il va rétrécir et se fermer. Alors vous ne serez plus qu'une grosse tête. Vous avez déjà vu des tiques sur un animal ? Il y a cette énorme chose avec une petite tête. Eh bien ce sera l'inverse. Vous ne serez qu'une tête énorme avec un tout petit cœur.

Il faut donc faire attention. Prenez soin de développer votre cœur et de le rendre grand, vaste. C'est ici que la charité intervient. La joie que l'on éprouve en donnant n'est pas celle que l'on ressent en jouissant. Le plaisir fait grandir la tête alors qu'en donnant, c'est notre cœur qui s'ouvre et se rapproche de Dieu, du Soi. Mais il faut faire attention, car il y a un danger : l'ego. L'ego susurre : « J'ai donné ceci. J'ai fait cela pour quelqu'un. J'ai donné tant d'argent à ce pauvre type. Je suis grand ; je suis un philanthrope, un grand bienfaiteur. » Il ne faut jamais avoir ce genre de pensées. Faites-le pour vous, donnez pour vous améliorer. Que les autres s'améliorent grâce à cela. Ne pensez pas que vous les aidez et n'employez pas ce verbe. Vous pouvez employer le mot « servir » et dire : « Je les sers ». En réalité, c'est vous-même que vous servez en donnant, personne d'autre. Peu importe l'autre personne, donnez pour vous-même. De toutes façons, chacun s'aime d'abord lui-même. Du point de vue du *karma*, tout ce que vous donnez vous reviendra, c'est certain. Mais sans tenir compte de cela, le fait de grandir vous aidera à ouvrir votre cœur.

Mais si vous en tirez une certaine fierté, l'effet est annulé. C'est encore un de ces cas où les fourmis mangent le sucre. Un incident tiré de la vie de Krishna illustre cette vérité. Comme vous le savez tous, des millions de gens sont morts au cours de cette grande guerre, la guerre du Mahabharata. Il ne restait plus que sept personnes du côté des Pandavas et trois personnes du côté des Kauravas. Les Kauravas étaient les mauvais et les Pandavas les bons.

A la fin de la guerre, le roi Pandava était très triste. C'était un homme très sage, mais il était très triste. Après tout, si vous étiez responsable de la mort de trois millions de personnes, vous seriez certainement triste, vous aussi. Il était donc très triste et il est allé trouvé Sri Krishna : « Seigneur, je suis très malheureux. Tout le monde est mort, mes parents, mes amis, tous les rois... tout le monde, à l'exception de quelques personnes. Comment puis-je me libérer de cette tristesse ? » Le Seigneur répondit : « Il y a un moyen, c'est de faire l'Ashwamedha Yagna, le grand sacrifice rituel complexe, le sacrifice du cheval. »

Le roi et ses quatre frères célébrèrent donc le rituel, et ce fut un splendide sacrifice. Ils rassemblèrent toute la richesse qu'ils purent trouver et la distribuèrent à la fin du rituel. Bhagavan dit : « Ecoute, ce sacrifice ne sera complet que quand vous entendrez sonner une cloche magique dans le ciel. Vous ne la verrez pas, vous ne pourrez que l'entendre. Cela signifiera que le sacrifice est complet, terminé, parfait. »

Une fois qu'ils eurent distribué toutes les richesses, ils invitèrent les *sadhus* et les sages et leur offrirent un repas. Mais la cloche ne sonnait pas. Ils pensèrent : « Nous n'avons pas offert à manger à Bhagavan lui-même. » Ils ont donc prié Sri Krishna de venir prendre son repas. Il déjeuna, mais on entendait toujours pas de cloche. Ils ne comprenaient pas. « Bhagavan, que se passe-t-il ? La cloche ne sonne pas. Avons-nous fait une erreur ? »

Sri Krishna répondit : « Oui ; il y a dans la forêt un *sadhu* qui ne mange que des feuilles sèches. Vous devez l'inviter à manger. Quand il aura pris son repas, la cloche sonnera. » « Très bien, c'est parfait ! Ils envoyèrent un messager cher-cher le saint homme.

Ce sont des rois, ils sont fiers, ils ne vont pas aller eux-mêmes trouver un *sadhu*. C'est ça le problème. La cloche ne sonnera pas, impossible. Le messager a donc parlé au sage : « Swamiji, les rois vous invitent à déjeuner. Venez, s'il vous plaît. »

« Oh, je suis déjà pris, désolé. J'ai un festin de feuilles aujourd'hui, de feuilles sèches, celles qui tombent des arbres. »

Le messager rentra au palais et annonça la nouvelle au *maharaja* et à ses frères. Ils comprirent : « C'est à cause de notre fierté qu'il n'est pas venu. » Ils partirent en courant.

« Swamiji, daignez venir aujourd'hui prendre votre repas au palais. »

Le *sadhu* répondit : « Je viendrai à condition que vous me donniez le fruit de cent un *yagnas*. » Ils s'exclamèrent : « Mais comment ? C'est impossible ! Nous n'en avons pas même un seul à notre crédit. Comment pourrions-nous vous en offrir cent un ? »

« Eh bien désolé, au revoir. »

Les rois repartirent donc et racontèrent l'entrevue à Draupadi, leur épouse : « Quelle calamité ! Nous avons célébré ce grand sacrifice et nous ne parvenons pas à faire sonner la cloche. »

Draupadi répondit : « Ne vous inquiétez pas. Je vais cuisiner un repas de mes propres mains et le lui apporter. »

Elle cuisina donc un repas splendide et parcourut pieds nus le chemin menant à l'ashram. Là, elle déposa la nourriture devant l'ascète et dit : « Swami, je vous en prie, veuillez accepter cette nourriture. »

Il répondit : « Seulement si vous me donnez le mérite de cent un *yagnas*. »

Draupadi répliqua : « Swamiji, les Ecritures disent que si une personne vient trouver un *mahatma* avec amour et dévotion, chaque pas qu'elle fait est un *yagna*. Vous pouvez donc prendre cent un de tous les pas que je viens de faire, car il m'en a fallu beaucoup plus pour arriver ici. »

Que faire ? Il n'avait rien à répondre. Il se rendit donc au palais et s'assit. Il y avait environ vingt-sept plats. Il a tout mis sur une feuille, il a tout mélangé pour faire une sorte de bouillie. Et il a mangé cette pâtée. Pendant ce temps, Draupadi pensait : « Ce pauvre homme, jamais de sa vie il n'a mangé une nourriture convenable. »

Il termina son repas, et la cloche ne sonnait toujours pas. Ils regardèrent tous Bhagavan. « Bhagavan, que se passe-t-il ? Tu as dit que s'il mangeait, la cloche sonnerait. Alors qu'y a-t-il ? »

Sri Krishna répondit : « Je vais vous le dire. Le problème, c'est le mental de Draupadi ; elle pense que ce *sadhu* n'a jamais goûté de bonne nourriture et que c'est la raison pour laquelle il se conduit ainsi. Mais un saint vit de la présence de Dieu, non de nourriture. Son esprit savoure la présence intérieure de Dieu. Il ne veut pas être distrait et se nourrit comme on prend un médicament. Le goût ne l'intéresse pas, la nourriture est pour lui un remède à la faim. C'est ce qui lui permet de continuer sa *sadhana*. »

Draupadi comprit alors son erreur et supplia : « Bha-gavan, O Bhagavan, pardonne-moi mon orgueil et mon igno-rance. » Et la cloche sonna enfin : « Ding, ding, ding. » Donc donnez, mais n'en ayez aucune fierté.

Fin de la cassette 15, face A

Il reste encore trois questions, deux petites et une très vaste, qui demandera quelques semaines.

Question : « Beaucoup de gens me disent qu'Amma est leur *guru*. Dans ce cas, est-ce Amma qui décide d'être notre *guru* ou est-ce nous qui la choisissons ? Faut-il que la décision vienne d'Amma ou bien nous appartient-elle ? »

Le soleil brille sur tout être et toute chose. Il n'appartient à personne. Il n'a pas besoin de déclarer : « Je brille sur vous, je brille sur vous, je ne brille pas sur vous. » Si le soleil ne brille pas sur un objet, cela signifie que celui-ci est dans l'ombre, voilà tout.

De même, un *jnani* comme Amma, un être réalisé, est une présence universelle. Il est là pour tout le monde. Amma n'a aucune préférence, aucun attachement spécial envers qui ou quoi que ce soit. Mais si vous voulez profiter de la chaleur du soleil, il faut sortir et vous mettre au soleil. Ainsi, si nous désirons bénéficier de la présence d'Amma, nous devons nous rapprocher d'elle autant que possible. Il ne s'agit pas simplement d'une proximité physique, bien que cela constitue une grande aide. Il s'agit de se rapprocher mentalement d'Amma. Ce n'est pas Amma qui décide d'être notre *guru* ; c'est nous qui l'acceptons comme telle. C'est de nous que vient l'initiative et non d'elle. Elle ne peut rien nous enseigner, elle ne peut pas nous montrer le chemin et nous guider si nous ne le voulons pas. C'est à nous d'établir le lien. De son côté, elle nous attend ; mais ce n'est pas un dictateur, elle n'impose rien à personne.

Le destin a son rôle à jouer quand il s'agit de savoir qui sera notre *guru*. Certains rencontrent Amma sans avoir le sentiment qu'elle est leur *guru*. Elle n'est peut-être pas leur guide, leur refuge. Qui sait, le choix de notre *guru* est peut-être fait avant l'heure de notre naissance et nous n'y pouvons rien changer ; personne n'est à blâmer. Mais tout le monde peut recevoir les bienfaits de la présence d'Amma.

Même si vous avez accepté Amma comme *guru*, pour établir le lien avec Elle et profiter au maximum des avantages d'être son disciple, il faut qu'Elle vous initie. Parce qu'à ce moment-là, Amma vous insuffle un peu de son pouvoir spirituel. C'est comme un feu qu'on allume avec un feu. Sans cela, nous restons très longtemps sans brûler. C'est un raccourci qui nous permet d'allumer notre propre feu spirituel.

Il ne suffit pas de dire : « Amma est mon *guru*, Amma est mon *guru* ». Si vous avez un *guru*, cela signifie que vous êtes un disciple. Les dévots d'Amma sont nombreux. Tous ceux qui ont un peu de foi en Amma, qui aiment Amma, sont des dévots d'Amma. Mais un disciple, c'est autre chose. Un disciple reflète le *guru*, sa vie est modelée sur l'exemple du *guru* et il suit son enseignement. Cela implique d'étudier Ses enseignements, d'être en Sa compagnie et de conformer votre vie à ses idéaux et à ce qu'elle enseigne. C'est seulement à cette condition que vous pouvez être un disciple et déclarer qu'Amma est votre *guru*. Sinon, ce sont des paroles creuses. N'importe qui peut affirmer : « Je suis roi » ou : « Je suis reine », sans que cela soit vrai. Et si vous modelez vraiment votre vie sur l'enseignement d'Amma, vous deviendrez un instrument de sa grâce. Cela ne peut manquer d'arriver.

L'histoire du disciple de Saint Eknath, Pouranpoli

Certains d'entre vous connaissent peut-être l'histoire de Pouranpoli, le disciple du grand saint Eknath. C'était un enfant du village où vivait Eknath dans le Maharastra. L'origine de son nom est intéressante. Le *puranpoli* est une sorte de sucrerie dont l'enfant raffolait. Il ne cessait de harceler sa mère : « Maman, fais-moi des *puranpoli*, j'en veux encore. » Il ne pensait à rien d'autre. Bien sûr, les petits enfants aiment les confiseries, mais c'était chez lui une véritable obsession. Il ne voulait pas aller à l'école, il voulait manger cette douceur, point, terminé. C'était en outre un enfant très obtus. Il était incapable de rien apprendre et en fait, il n'allait même pas à l'école, tant il était borné.

Mais quand il s'agissait de manger des *puranpoli*, il était très vif. A la fin, sa mère en a eu assez. Elle a déclaré : « Je ne veux plus rien lui donner. Ce garçon ne fait rien d'utile. Il n'est bon à rien, sinon à manger des *puranpoli*. » Elle s'est donc rendue chez Eknath, puisque ce dernier était aussi un chef de famille et elle lui a dit : « Mahatmaji, je vous en prie, prenez cet imbécile. Il ne veut rien faire excepté manger des *puranpolis*. » Eknath a répondu : « Nous en faisons aussi chez nous. Nous les offrons à Dieu au cours de la *puja*. Il sera donc heureux ici. »

Eknath essaya d'enseigner l'alphabet au garçon, mais rien ne rentrait, même pas « A , aa, e ,ee ». Eknath ne dit rien et lui donnait autant de *puranpolis* qu'il le désirait.

Cela dura quelques mois et peu à peu, Pouranpoli prit goût à la compagnie d'Eknath. Il s'asseyait pour regarder la *puja*, il assistait aux *bhajans* et écoutait les *satsangs* d'Eknath. Avec le temps, Pouranpoli devint très attaché à Eknath et prit refuge en lui ; il le suivait partout et se mit à le servir. Eknath était tout pour lui.

Eknath vieillissait. Il était en train d'écrire un com-mentaire sur le Ramayana, un commentaire superbe, puisqu'il était un vrai *mahatma*, quand il se rendit compte que le moment était venu pour lui de quitter son corps. Il ne trouvait personne pour finir ce commentaire ; il appela donc Pouranpoli et lui dit : « Termine le commentaire. » Pouran-poli accepta. Il était très heureux. Mais que savait-il ? Il ne savait que manger et être en compagnie d'Eknath. Après le décès d'Eknath, Pouranpoli écrivit le reste du commentaire. Et vous savez, à ce jour, les gens qui le lisent déclarent qu'il est impossible de distinguer la partie écrite par Eknath de celle écrite par Pouranpoli. Il reçut la grâce d'Eknath simplement en restant en sa compagnie, en l'aimant et en suivant ses instructions.

En étant constamment avec Amma, ses disciples devien-nent des êtres totalement différents de ce qu'ils étaient au départ. Pour être un disciple d'Amma, il ne suffit pas de lui être attaché, il faut encore suivre son enseignement et s'efforcer de vivre en conséquence. Il est impossible d'af-firmer : « Je suis un disciple d'Amma » et de vivre d'une manière qui ne reflète pas ce fait.

Mais pour répondre à la question, Amma ne fera pas de vous un disciple. C'est à vous de faire le travail. Amma vous montrera la voie si vous prenez refuge en elle.

Les actes spirituels sont des investissements

Question : « Il serait très intéressant d'entendre parler des vertus spirituelles et de la manière de les développer. »

Dans la Bhagavad Gita, au chapitre seize, premier verset, Bhagavan énumère les vertus spirituelles ; la liste est longue, cela va nous prendre longtemps.

> « *L'absence de peur, la pureté du cœur, la fermeté dans la connaissance et dans le yoga, la charité, la modération, la vénération, l'étude des Ecritures, l'austérité, la droiture, ne pas nuire, la véracité, l'absence de colère, le renoncement, la sérénité. S'abstenir de toute calomnie, la compassion envers toutes les créatures, l'absence de convoitise, la douceur, la simplicité, l'absence de méchanceté, l'énergie, le pardon, le courage, l'absence de haine, l'absence d'orgueil, ces vertus sont l'apanage de ceux qui sont nés pour un destin divin, O Arjouna.* »

Si nous possédons toutes ces vertus, alors nous sommes nés avec une nature spirituelle, qui nous permettra de réaliser Dieu. Et le contraire de ces vertus nous éloignera de la réalisation de Dieu. Tous les êtres vivants ont une chose en commun : ils veulent être heureux. Chaque semaine nous répétons la même chose, parce que c'est la vérité. Il existe quelques vérités fondamentales et il nous faut les répéter inlassablement. Il s'agit de les emballer différemment, voilà tout. C'est comme la publicité.

Tout le monde veut être heureux. La seule différence entre les êtres spirituels et ceux qui ne le sont pas, c'est que les premiers examinent tous les moyens de trouver le bonheur que nous offre le monde et ils arrivent à la conclusion que cela ne leur suffit pas. Cela ne durera pas. Je veux quelque chose de plus durable, de plus stable, de plus fort, de plus passionnant. Le bonheur que l'on trouve en ce monde ne me suffit pas.

Et puis ils découvrent les enseignements des *mahatmas* comme Amma qui disent : « Il existe quelque chose d'autre. Vous n'avez pas à vous satisfaire de la joie que l'on trouve dans le monde. Si vous en êtes satisfaits, elle finira un jour par vous ennuyer. Vous serez en proie à la désillusion, à la déception et peut-être même à la frustration. Ne vous arrêtez pas là. Quand vous arrivez au stade où les objets de ce monde ne vous procurent pas le bonheur que vous recherchez, allez plus loin, il y a autre chose. »

C'est cela qu'enseigne la spiritualité : cet au-delà. C'est l'*atmananda*, la béatitude du Soi, la béatitude qui est à l'intérieur de nous mais qui est cachée, complètement cachée. Le seul moment où nous en faisons l'expérience, c'est quand nous dormons. Et ce qui voile cette béatitude, ce sont les pensées. Il s'agit donc de diminuer le nombre de nos pensées pour que la béatitude intérieure puisse briller.

Mais la plupart des gens ne sont pas prêts à investir du temps là-dedans. Ils veulent un résultat immédiat. Si nous offrons à un enfant un bonbon et une pièce d'or et que nous lui demandons de choisir entre les deux, que fera-t-il ? Il prendra le bonbon. Il ne s'intéressera pas du tout à la pièce d'or. Il ne sait même pas qu'il pourrait acheter des millions de bonbons avec la pièce d'or. Il veut ce qui est juste devant lui.

La plupart d'entre nous sont comme le petit enfant. Nous ne sommes pas vraiment prêts à investir pour connaître la béatitude. Nous en entendons parler, peut-être même y croyons-nous mais nous ne voulons pas vraiment consacrer le temps nécessaire à découvrir le trésor qui est en nous. Et pourtant, en dernier ressort, c'est ce qu'il faut faire. Pour finir, tout le monde doit apprendre ses leçons dans le monde pour ensuite se tourner vers le but véritable : la béatitude intérieure.

Amma dit que pour atteindre cette béatitude, il faut pratiquer une *sadhana*. Si vous lisez les livres d'Amma, toutes Ses paroles nous indiquent : faites une *sadhana*. Amma ne parle pas beaucoup de philosophie ; son enseignement est très pratique et il ne s'agit pas uniquement de méditer, de chanter des *bhajans* etc., mais de purifier nos pensées. Il faut nettoyer le mental entier, cultiver de bonnes pensées, résister à celles qui sont mauvaises et les détruire.

Un être spirituel, comme un homme d'affaires, doit rechercher avant tout le profit. A chaque instant, demandez-vous : « Est-ce que je perds ou est-ce que je gagne ? » A chaque parole, à chaque mouvement des yeux, à chaque pensée, à chaque action, posez-vous la question. Spirituel-lement, suis-je en train de gagner ou de perdre ? Suis-je en train de me rapprocher ou de m'éloigner de mon but, l'*atmananda* ? Il faut être homme ou femme d'affaire dans l'âme pour cela et rappelez-vous que tout affecte votre compte en banque.

C'est une manière facile de faire de bonnes actions, d'accumuler du *punyam* (des mérites). Vous avez un compte en banque spirituel. Vous pouvez le remplir de *punyam*, c'est-à-dire de bonnes actions, de bonnes pensées, de bonnes paroles. Vous pouvez pratiquer le *japa* et chaque fois que vous répétez un mantra, cela nourrit votre tirelire. Chaque fois que vous dites une méchanceté, vous avez un débit. Chaque fois que vous dites une bonne chose, un mantra ou une prière, vous obtenez un crédit sur votre compte. C'est la seule chose que vous pouvez emporter. Vous aurez beau amasser des richesses en ce monde, il faudra tout quitter. Tout appartient au corps. Le corps, ce n'est pas vous. Vous le quittez en partant. Mais ce que vous emportez, ce sont vos bonnes et vos mauvaises actions. Ce sera votre richesse dans votre prochain plan d'existence. Dans n'importe quel plan d'existence dans l'univers, vos bonnes et vos mauvaises actions sont la monnaie d'échange.

Le *punyam* n'est pas seulement une richesse. C'est le moyen d'approcher des êtres comme Amma. C'est la cause de vos tendances spirituelles, de votre aptitude à méditer ou même de votre désir de méditer. C'est grâce à cela que vous obtenez le *satsang*. Comment avez-vous rencontré Amma par exemple ? Comment avez-vous découvert les livres sur la spiritualité ? C'est grâce à votre *punyam* passé. Toutes les bonnes actions vous mènent sur cette voie. Il est donc très important d'accumuler des mérites. Vous souhaitez demeurer toujours en bonne compagnie, celle des dévots, des *mahatmas*. Vous ne voulez pas d'une mauvaise compagnie. La pire souffrance est d'être un dévot, un être spirituel et de n'avoir aucune compagnie spirituelle. Vivre au milieu de gens qui n'ont aucun intérêt pour la spiritualité est une des souffrances les plus vives pour un être spirituel.

Il faut éviter la mauvaise compagnie parce qu'il y a urgence. Il s'agit d'essayer de sortir du cercle vicieux dans lequel nous sommes pris, contraints de naître en ce monde puis de mourir. Personne ne veut mourir, mais que nous le voulions ou non, nous allons mourir. Prenons donc des mesures pour que cela ne se reproduise pas, puisque cela nous arrivera déjà à la fin de cette vie. C'est urgent. Il s'agit de progresser spirituellement aussi vite que possible et de faire de bonnes actions pour accumuler toujours plus de mérites. La charité et ce genre de choses ne suffisent pas, il faut y ajouter le mantra *japa*, les *bhajans*, le *satsang*, la méditation, etc. Mais même cela ne vous conduira pas jusqu'au but. Il faut obtenir *jnana* et atteindre la réalisation. Il faut devenir un mystique et parvenir à la connaissance directe de Brahman, du Soi. *Punyam* nous permet d'atteindre le point où le mental est pur et où tout devient favorable à notre démarche. C'est ce qu'affirme Shankaracharya.

Je suis sûr que beaucoup d'entre vous ont lu certaines des œuvres de Shankaracharya : Vivekachudamani, Atma Bodha et d'autres ouvrages magnifiques qui traitent du Védanta. Il répète que cette *vasana* advaïtique (le désir de connaître le Soi) est le fruit de millions de vies de *punyam*.

Le sens de l'histoire du roi-lion

Voilà une chose très importante. Impossible de mettre cela de côté en déclarant que ce n'est pas nécessaire. C'est extrêmement nécessaire et voilà pourquoi nous avons tant besoin des vertus spirituelles. Voyons cela d'une autre façon. Parmi les enfants qui sont ici (ceci est pour les enfants) beaucoup ont sans doute vu un film qui s'appelle le roi-lion. Certains adultes aussi peut-être. Le sens de ce film est très profond. C'est un chef d'œuvre très beau, très distrayant, mais il a aussi un sens très profond. L'avez-vous remarqué ? Il y a de nombreuses interprétations possibles, mais celle à laquelle je pense s'applique à notre sujet.

L'oncle du lionceau lui ment : « Tu as tué ton père, tu es responsable de la mort du roi », lui dit-il. Le pauvre petit lionceau le croit et s'enfuit. Le méchant, l'oncle, usurpe donc le pouvoir et gouverne le royaume avec l'aide des hyènes, ses complices.

A quoi le lionceau se résout-il ? Il est contraint de manger des vers et des insectes au lieu de zèbres, de daims et autres viandes savoureuses. Il doit manger les proies faciles et dégoûtantes. Il pense constamment qu'il est un pauvre malheureux, qui a tué son père et qui doit manger des insectes et des vers. Il vit avec un sanglier et d'autres créatures bizarres, il y a aussi une mangouste, n'est-ce pas ? C'est alors que le *guru* fait son entrée sous la forme d'un singe du nom de Gofreaky. On le voit assis en *padmasana*, la posture du lotus, en train de méditer. Il dit au lionceau : « Tu es le roi. Pourquoi te prends-tu pour cette créature faible qui mange des insectes et des vers ? Va, combats et reconquiers le royaume. »

Le lion y réfléchit un moment. « Oui, c'est juste. Je vais y aller. » Il retourne dans le royaume et que se passe-t-il ? Il se bat avec son oncle, le menteur, il le tue et chasse les hyènes. Puis il rugit. Il est alors le véritable Roi-lion et le royaume entier lui appartient. Il se passe la même chose pour nous. Il y a un mensonge au départ. Quel mensonge ? Qui nous l'a raconté ? C'est *maya*, l'illusion universelle. Le mensonge, c'est l'idée que nous sommes un *jiva*, un individu, que le corps est le Soi, que nous sommes la personnalité. Il s'agit alors de vivre en essayant de soutirer un peu de vie et de bonheur à de petites choses. « Tu n'es pas un roi, tu n'es qu'une petite chose », c'est cela le mensonge. Et le menteur a beaucoup d'amis : des hyènes, une foule de défauts très méchants. Ce sont les mauvais traits de caractère que nous développons à cause de ce mensonge originel. Le *guru* intervient alors et dit : « Réveille-toi ! Tu dois tuer ce menteur et reconquérir ton royaume. »

Donc il y va, il se débarrasse de *maya*, le menteur, et il devient le roi. Il comprend qu'il est le roi et il rugit. Il est heureux, vraiment heureux. Il se croyait heureux avec le cochon, la mangouste, les vers et les insectes. Il connaissait un bonheur relatif, mais comparé à celui qu'il éprouve quand il rugit du haut de la falaise, ce n'est rien. Il n'y a aucune comparaison.

Nous nous contentons de quelque chose de similaire. Les Ecritures et tous les *mahatmas*, y compris Amma, nous disent que nous ne sommes pas ce que nous nous imaginons être. Nous dormons ; nous rêvons. Nous rêvons que nous sommes le corps, le mental, que ce monde est réel. Il n'est pas réel et ce n'est pas ce que nous sommes. Quand vous êtes dans l'état de sommeil profond, qui n'est ni le rêve ni l'éveil, c'est alors que vous contactez votre

Soi réel. C'est pourquoi nous aimons tant cet état, le sommeil profond, parce pendant un certain temps, nous sommes libérés du faux « moi ». Alors quand nous en revenons, nous sommes rafraîchis. Dans le sommeil profond, nous touchons l'*atman*, nous devenons Cela. Nous fermons les portes à tout le reste, mais la conscience n'est pas pleinement présente dans cette expérience. C'est pourquoi spirituellement, le sommeil ne nous apporte aucun bienfait. Il nous rafraîchit, c'est tout. Actuellement, nous rêvons que nous sommes un ego dans un monde de rêve. Réveillons-nous et nous serons heureux. Pour parvenir à cette expérience, il est nécessaire de cultiver les vertus spirituelles. Chacune d'entre elles prépare le mental à faire l'expérience de l'*atman* en état d'éveil. Si nous cultivons les traits opposés, nous nous éloignons de l'*atman*.

La première de ces vertus est l'absence de peur. Tout le monde a peur, toute personne ayant le sentiment d'être un *jiva*. C'est-à-dire tout le monde à l'exception des êtres réalisés. Tout le monde a peur, mais pourquoi ? La cause fondamentale de la peur, c'est notre identification au corps. Quand vous êtes identifié au corps, vous avez le sentiment qu'il existe des choses séparées de vous-même.

« Tout ce qui n'est pas ce corps n'est pas moi. » Alors nous avons peur de la douleur physique, de la souffrance mentale, de tout ce qui est douloureux, de tout ce qui n'est pas plaisant, même de l'ennui, d'un état insipide. Nous voulons du plaisir authentique, du bonheur authentique, nous ne voulons rien de douloureux. Y a-t-il aucune douleur dans le sommeil profond ? Aucune peur ? Non ; et pourquoi ? Parce qu'il n'y a pas de corps, pas de conscience du corps. C'est le seul moment où il n'y a aucune peur. Quelqu'un pourrait être là avec un couteau, et vous n'auriez pas la moindre peur, parce que vous n'avez aucune conscience du corps.

Donc, si vous êtes un *jiva*, vous connaissez la peur. Comment se libérer de la peur, voilà la question. La prière est une voie. Il en existe d'autres, mais la peur étant une des émotions qui agitent le plus le mental et nous séparent donc de cet état d'être, le Soi, il nous faut trouver différentes manières de nous en libérer. C'est très réel. Tout le monde a ses problèmes. Certains ont peur d'échouer à l'école, d'autres ont peur de leur père ou de leur mère, tout le monde nourrit une peur ou une autre. Il est possible de s'en libérer en prenant refuge en Dieu, en votre *guru*. Il y a même des gens qui ne prient que quand ils ont peur et c'est peut-être pourquoi ils se trouvent confrontés à certaines situations qui les effraient, pour qu'ils prient, pour qu'ils se tournent un peu vers l'intérieur.

Une grand-mère demanda à son petit-fils : « As-tu dit tes prières hier soir ? » Il répondit : « Oui, grand-mère, je fais mes prières tous les soirs. » « Et tu les dis aussi chaque matin ? » « Non, grand-mère, je n'ai pas peur le matin. »

Eh bien, c'est une des manière de prier, par peur. Une autre voie, c'est de développer une attitude d'abandon de soi-même, d'acceptation. Les personnes qui sont en phase terminale d'une maladie passent par différentes étapes. La première étape, c'est la peur, puis vient une étape où la personne nie la vérité. « Non, cela ne peut pas m'arriver à moi. » Ensuite vient la colère : « Pourquoi moi ? » Et enfin le stade de l'acceptation et de l'abandon de soi ; le mental devient paisible. Beaucoup de ces malades meurent très paisiblement. Cette acceptation, cet abandon de soi-même est un des moyens de se libérer de la peur.

Efforçons-nous de percevoir tout ce qui nous arrive comme la volonté de Dieu. « Je prends refuge en Dieu, en mon *guru*. Tout ce qui m'arrive est pour mon bien. » Essayez de ne pas combattre la situation, mais de l'accepter et d'offrir votre peur à Dieu.

Une petite histoire illustre cela. Deux hommes traver-saient un champ quand un taureau se mit à les poursuivre. Les taureaux n'aiment pas trop les humains. Ce taureau leur fonçait dessus et ils couraient, ils couraient à toutes jambes. Le taureau les rattrapait et ils n'avaient plus le temps d'atteindre la barrière. L'un d'eux se tourna vers l'autre et lui dit : « C'est fini ; rien ne peut plus nous sauver. Le taureau va nous rattraper. Dis une prière. Au moins, mainte-nant, dis une prière. » L'autre lui dit : « Quelle prière ? Je n'ai jamais prié de ma vie. Que suis-je censé dire ? Je ne connais pas de prière qui convienne à notre situation. » Le premier homme répliqua : « Peu importe. Le taureau approche. N'importe quelle prière fera l'affaire. » « Eh bien, mon père disait une prière avant les repas. Je vais dire celle-là. » « Oui, que dit-elle ? » « Pour ce que nous allons main-tenant recevoir, O Seigneur, puissions-nous être recon-naissants. » Voilà une autre manière de prier pour se libérer de la peur. Puissé-je être reconnaissant pour tout ce qui m'arrive. Abandonnez votre peur et acceptez tout. C'est une autre voie. L'équanimité. Voici une histoire pour illustrer ce point : les disciples se serraient autour d'un feu, essayant de se réchauffer, quand l'un d'entre eux dit : « Je sais ce qu'il faut faire. Notre *guru* m'a enseigné ce qu'il faut faire quand il fait très froid. » « Ah bon, vraiment ? Quoi donc ? » dirent-ils. « Se tenir au chaud. » « Oh, c'est lumineux ! Et que faire si on ne peut pas se tenir au chaud ? » « Oh, le *guru* m'a enseigné cela aussi. » « Vraiment ? Dis-nous. » « Gelez-vous ! »

Voilà ce que le *guru* enseigne. Ce n'est pas simplement du bon sens ; il s'agit d'accepter la situation et la peur s'évanouira.

Tandis que je réfléchissais à ce sujet, la peur, je me rappelais mes propres expériences avec la peur. C'est avant de venir vivre auprès d'Amma que j'ai éprouvé le plus de peur, il me semble. J'avais l'habitude de faire le tour de la colline d'Arunachala. Beaucoup d'entre vous en ont entendu parler. Je faisais le tour de la colline la nuit. C'est une forme d'adoration ou de méditation pratiquée par beaucoup de gens. Je combinais un peu les deux, je marchais en imaginant que la colline était le dieu Shiva et que je le gardais à ma droite en marchant. Malheureusement, dans la journée, il y a beaucoup de distractions. Il y a des véhicules qui passent, des gens, beaucoup d'agitation. La nuit, il n'y a personne, mais il n'y a pas non plus de lumière. C'était une route de campagne et ce coin est rempli de scorpions et de cobras.

Mais malgré tout, je voulais profiter des bienfaits de la marche nocturne. Je ne prenais pas de lampe de poche, parce que je me disais : « Pourquoi prendre une lampe de poche ? Dieu me protègera. » Il m'arrivait d'entendre les chacals hurler au loin, près de la colline. Je pensais d'abord : « Est-ce qu'ils ont faim ? Pourquoi hurlent-ils ainsi ? Ils sont si nombreux ! » Et j'avais un peu peur.

Et je pensais : « Quand vais-je marcher sur un cobra ? Quand vais-je me faire piquer par un scorpion ? » Je marchais pieds nus ; il s'agit d'un acte d'adoration, il faut donc retirer ses chaussures. Puis j'ai remarqué que ces pensées me dis-trayaient beaucoup. Je me suis réprimandé : « Qu'est-ce que c'est ? Je me suis abandonné à Dieu il y a bien longtemps. C'est pour cela que j'ai tout quitté et que je suis venu vivre en Inde. Comment puis-je calculer ainsi, songer à ce qui va m'arriver, à la souffrance que je vais endurer, et est-ce que je vais laisser ces pensées s'emparer de moi ? Quelle est ma foi ? Quel est mon degré d'abandon de moi-même ? »

J'ai pensé : « Pas question ! Je vais lâcher ça ! A quoi sert d'avoir peur ? De toutes façons, que je m'en inquiète ou pas, ce qui va m'arriver est mon destin, mon *prarabdha*, c'est la volonté du *guru*, de Dieu. Je ne fais que gaspiller mon énergie, gâter mon esprit et mettre en échec le but de ma vie en m'inquiétant. Si j'ai peur, c'est une perte, une perte totale, parce que je ne peux rien y faire. »

Alors mon esprit devenait paisible et tout rentrait dans l'ordre. C'est très étrange parce que bien souvent, j'ai failli marcher sur des serpents. Ils s'enfuyaient juste au moment où j'allais marcher sur eux. Cela s'est produit des dizaines de fois, mais je n'ai jamais été mordu. Et bien souvent, quand je me reposais sur le bord de la route, en me levant, je découvrais un scorpion tout près de ma jambe. Si j'avais roulé sur le côté, j'aurais été piqué. C'étaient de gros scorpions noirs, gros comme des homards, pas les petits rouges. On les appelle les scorpions des collines. Ils descendent de la montagne quand il pleut. Mais je n'ai jamais rien eu de plus qu'une piqûre de moustique. Je suis toujours là. A part quelques piqûres de moustique, il ne m'est jamais rien arrivé.

Mais il s'est passé une drôle de chose. Un jour que j'étais assis au bord de quelques marches, je parlais à quelqu'un qui était derrière moi et j'ai senti quelque chose me passer sur le pied. J'ai regardé par terre et je n'ai rien vu. Jusqu'alors je n'avais pas peur. Puis j'ai regardé de l'autre côté et là, j'ai vu un cobra noir, long de deux mètres, qui rentrait dans les buissons. J'ai bondi en criant : « Un serpent ! Un serpent ! » A quoi sert d'avoir peur quand le danger est passé ? Si mon destin avait été d'être mordu, cela se serait certainement produit à ce moment-là ! Ce que je veux dire c'est que le destin, le *prarabdha*, la volonté de Dieu, c'est la même chose. Tout est déjà décidé. Ce qui doit arriver arrive, impossible de rien y changer. Faites ce que vous avez à faire. Prenez refuge en Dieu ou en votre *guru*. Prenez refuge en Amma et vivez sans vous inquiéter. Alors votre esprit deviendra paisible et vous progresserez vers le but spirituel.

Om Namah Shivaya

Cassette 15, face B

La Grandeur des Sages

« Là où la mer est profonde, il n'y a pas de vagues. Elles apparaissent seulement dans les zones peu profondes, près de la côte. Les êtres qui ont atteint la perfection sont calmes. Ceux qui ont peu de sagesse, après avoir lu deux ou trois livres, créent des problèmes. »

Amma

Ce sont les paroles d'Amma. Certains d'entre nous en ont été témoins : des gens viennent voir Amma après avoir lu quelques livres et ils se mettent à faire étalage de leurs connaissances. C'est très triste. Soit ils étalent leur savoir, soit ils essayent d'enseigner quelque chose à Amma.

Le service du guru : un moyen de se mettre sur sa longueur d'ondes

La plupart d'entre vous savent ce qui est arrivé à Gayatri, quand elle servait Amma. C'était il y a très longtemps. Un swami était venu voir Amma. Il parlait du Védanta avec Amma qui disait : « Le *seva* est plus important que le Védanta. » Mais le swami insistait : « Non, non, c'est faux, c'est le Védanta qui est important. » Amma a répondu : « Non, si quelqu'un accomplit réellement le service du *guru*, cette personne sera réglée sur la fréquence de Dieu. Les gens auront beau pratiquer le Védanta, ils n'obtiendront peut-être pas cela. » Puis elle resta un instant les yeux fermés. Une minute plus tard, Gayatri arriva en courant avec un verre de thé. Amma lui demanda : « Pourquoi apportes-tu ce thé maintenant ? Je ne veux pas de thé. » Gayatri répondit : « Non, Amma, j'ai pensé que tu exprimais le désir que j'apporte du thé. Il m'a semblé l'entendre dans mes pensées. » Amma répondit : « En fait, je voulais le thé, mais ce n'était pas pour moi, c'était pour le swami. » Le swami a été très impressionné. Quelqu'un était capable de capter les ondes de pensée d'Amma et d'y répondre. C'est un des éléments précieux du service du *guru* et de la voie de la dévotion : vous vous branchez sur la fréquence du Soi, de Dieu.

La réalité dont nous parlons, le Soi, ne se trouve pas quelque part à l'extérieur. Ce n'est pas là-haut dans les cieux. Il n'y a pas besoin de faire le tour du monde pour le trouver et pourtant, il se peut que ce soit nécessaire. Peut-être nous faut-il aller quelque part et servir un *guru*. Peut-être devrons-nous apprendre beaucoup de choses. Mais rappelons-nous toujours que l'objet de notre quête est le Soi, notre vraie nature. Celui-ci est actuellement voilé par nos pensées, par nos sentiments. Nous devons passer par tout ce processus pour en prendre conscience, mais ne croyez pas que vous trouverez le Soi ailleurs qu'en vous-mêmes.

La vérité est déjà en nous

Voilà l'histoire d'un homme qui fit un rêve récurrent. Cinq ou six nuits de suite, il fit le même rêve. Et quel rêve ? Il devait aller à Washington DC. Il habitait Los Angeles et s'appelait John Doe, fils de Peter Doe. Chaque nuit, il faisait le même rêve : une voix lui disait : « Va à Washington DC, au Pentagone ; juste devant le Pentagone, il y a un grand pont et sous ce pont est caché un trésor. Si tu découvres ce trésor, tu n'auras plus besoin de travailler pendant le reste de ta vie. » C'était un homme très pauvre, qui avait beaucoup de mal à joindre les deux bouts. Il a ignoré le rêve, après tout, ce n'était qu'un rêve. Mais au bout de cinq ou six fois, il a décidé d'aller à Washington DC, par n'importe quel moyen. Il a fait des économies puis il a accompli le voyage. Et bien sûr, comme on le lui avait dit dans le rêve, il y avait un pont devant le Pentagone. Ce pont était malheureusement gardé par de nombreux soldats, parce qu'il n'est pas question que n'importe qui rentre dans le Pentagone : il faut une carte. Notre homme était complètement découragé. Il contemplait le pont, puis il repartait. Le lendemain, il revenait, regardait le pont, puis repartait. Cela éveilla les soupçons de certains soldats. « Que fait donc cet homme ici ? » Ils ont fini par l'interpeller : « Hé, monsieur, pourquoi venez-vous chaque jour regarder le pont ? » L'homme répondit : « Je suis un peu embarrassé de vous le dire, mais j'ai fait un rêve, toujours le même, qui me disait que si je creusais sous ce pont, je trouverais un trésor. » Le soldat répondit : « Vous plaisantez ! Un homme intelligent comme vous, vous croyez à ce genre de rêve ? Vous êtes venu jusqu'ici à cause de ce rêve ? Vous auriez pu rester bien confortablement à Los Angeles. Au fait, puisque vous parlez de rêves, moi aussi j'ai fait un rêve. Et si j'y croyais, il faudrait que je fasse le voyage jusqu'à Los Angeles. »

L'homme demanda : « Vraiment ? Quel rêve ? » « Eh bien depuis environ une semaine, je fais le même rêve chaque nuit. Il me dit qu'à Los Angeles vit un homme du nom de John Doe, fils de Peter Doe et que dans sa cour, sous l'arbre situé dans le coin nord-ouest, il y a un trésor. Et si je creusais là, je n'aurais plus besoin de travailler pour le restant de mes jours », dit le soldat. L'homme était stupéfait. « Merci beaucoup. Vous avez bien fait de ne pas aller à Los Angeles. Après tout, qui sait combien de John Doe vous rencontreriez à Los Angeles ? Il doit y en avoir des dizaines de milliers. » Et il est reparti. Une fois rentré chez lui, il a creusé sous l'arbre situé au coin nord-ouest de la cour et il a trouvé le trésor. Il était bien dans sa cour, mais il n'aurait pas pu le trouver s'il n'avait pas fait le voyage jusqu'à Washington DC.

Ce que nous recherchons, c'est donc l'expérience des mystiques, la conscience divine, la réalisation de Dieu. Cela est en nous, mais à moins d'y consacrer une grande quantité de dur labeur, il nous est impossible d'en faire l'expérience. Ce n'est pas si facile. Quelqu'un a demandé à Amma : « Pourquoi ne puis-je pas faire l'expérience du *samadhi* ? Pourquoi est-ce si difficile ? » Amma a répondu : « Tu as beaucoup d'images dans ton mental, tu as lu beaucoup de livres. Tu as de nombreuses idées, alors ton esprit est rempli d'une foule de choses. Si tu veux atteindre le *samadhi*, il faut le vider de tout cela. Ce qui reste, c'est l'état de *samadhi*. Tu ne souhaites pas être rempli du contenu de ta conscience, mais de la conscience elle-même. Oublie les images, ne regarde que l'écran ou la trame. Ne te soucie pas des images. »

C'est une des raisons pour lesquelles nous sommes incapables d'avoir cette expérience. Ce sont parfois les êtres simples qui l'obtiennent le plus vite, non les gens astucieux. Il ne suffit pas d'être futé dans la vie, surtout pas dans la vie spirituelle. Au fur et à mesure de nos progrès spirituels, notre esprit devient plus pur et à mesure qu'il se purifie, l'intelligence commence à briller. Etre intelligent et être malin, ce n'est pas la même chose. Etre malin, c'est pourrait-on dire, être doté d'intelligence intellectuelle ; être intelligent, c'est être doté d'un esprit éclairé. Il est nécessaire de purifier son cœur. Tout le monde a un esprit et un cœur, une tête et un cœur. Mais le cœur est plus important que la tête. Vous réalisez Dieu dans le cœur, pas dans la tête. Toutes les belles vertus viennent du cœur, non de la tête.

Le plus simple est parfois le meilleur

Les gens qui paraissent ignorants sont parfois ceux qui font de véritables progrès spirituels. Une petite histoire illustre cela, elle n'est pas spirituelle mais dans cet exemple, celui qui semblait ignorant était celui qui savait.

Un de ces gros camions qui prennent les autoroutes s'est un jour trouvé coincé en passant sous une autre voie. Il y a toujours une inscription qui donne la hauteur permise, n'est-ce pas ? « Hauteur limitée à trois mètres cinq ». Eh bien ce camion faisait peut-être trois mètres six de hauteur, bref, il s'est retrouvé bloqué, encastré dans le passage. Tout le monde essayait de l'en faire sortir. Ils ont poussé d'un côté, puis de l'autre, ils ont tout essayé. Ils ont appelé la police, les C.R.S., tout le monde est venu et personne n'a trouvé de solution. Ils pensaient qu'il allait falloir détruire le pont pour faire sortir le camion. On a consulté tous les spécialistes, mais en vain. Le camion était bel et bien coincé.

Un petit garçon qui se trouvait là à l'embranchement persistait à tirer sur la veste de l'un des spécialistes, et celui-ci finit par lui dire : « Laisse-moi tranquille, je suis très occupé. Tu ne vois pas qu'il se passe quelque chose d'important ? » Et l'enfant dit : « Je veux vous dire quelque chose. » Comme il continuait à tirer sur sa veste, l'homme en a eu assez. « Très bien, que veux-tu me dire ? » « J'ai une idée. » « Toi ? Mais tu n'as que dix ans, que peux-tu savoir ? » « D'accord, mais j'ai une idée. Allez-vous m'écouter ? » « Oui » « Eh bien je vous suggère de dégonfler les pneus. » Personne d'autres n'y avait pensé. Il arrive ainsi que les gens simples soient les vrais gagnants, pas les gens malins.

> *« Il est impossible de détruire les vagues de la mer. Il est de même impossible d'éliminer totalement les pensées. Une fois que le mental gagne en profondeur et en largesse, les vagues de pensées cesseront naturellement. »*

Le détachement apaise le mental

Nous ne parviendrons peut-être pas à rendre le mental parfaitement calme, à arrêter complètement de penser. C'est ce que dit Amma. Mais il est possible de prendre de la distance, de ne pas s'impliquer dans le processus. Essayez de prendre l'attitude d'un observateur vis à vis du mental. Alors il ralentira et votre conscience s'élargira, englobera plus de choses.

Prenez l'exemple d'une dispute entre deux personnes. Si vous vous y impliquez, vous n'avez conscience de rien d'autre. Vous ignorez tout ce qui se passe autour de vous. Vous êtes complètement absorbé par l'ardeur de la discussion. Par contre, si vous êtes observateur, vous pouvez regarder ce qui se passe. Vous voyez le monde et tout ce qui s'y déroule. Vous ne réussirez peut-être pas à faire cesser la dispute, la querelle, mais vous resterez en retrait. De même, grâce au *japa*, à la pratique du Védanta, nous pouvons nous détacher un peu du mental agité et ce détachement nous apporte par lui-même un certain calme. Le mental en feu n'a plus de combustible. L'attachement agite le mental et sans attachement, il se calme.

> « *Mes enfants, une graine contient à la fois le réel et l'irréel. Qu'est-ce qui est réel ? La graine. L'irréel, c'est l'enveloppe de la graine. Quand on sème une graine, l'enveloppe craque et s'unit à la terre. L'essence de la graine germe et grandit. De même, le réel et l'irréel sont tous deux contenus en nous. Si nous vivons en nous appuyant sur le réel, rien ne pourra nous troubler. Notre conscience s'élargira. Si nous avons recours à l'irréel, nous ne pouvons pas croître.* »

Cultivons le réel pour faire grandir notre conscience

Ici, Amma parle à nouveau de cette élargissement de la conscience ; si nous baignons dans l'irréel, nous nous contractons. Notre paix et notre bonheur s'envolent. Chacun est un mélange de réel et d'irréel. Qu'est-ce qui est réel et qu'est-ce qui ne l'est pas ? Est-ce que quelqu'un le sait ? (réponse du public : Amma est réelle et le monde est irréel.) Amma ne fait-elle pas partie du monde ? (Pas de réponse) Le corps d'Amma fait partie du monde, mais pas la véritable Amma. Ainsi, notre vraie nature, l'*atman*, le « je », la conscience en nous, est réelle. Mais le corps n'est pas réel parce qu'il n'est pas permanent ; il change constamment et finit par mourir. Quand au mental, on peut dire qu'il fait également partie de l'irréel. Mais dans le cas du mental, il s'agit d'un mélange de traits de caractère dont certains nous rapprochent du réel tandis que d'autres nous en éloignent. Pareils à des miroirs, certaines reflètent la lumière, tandis que d'autres la voilent, comme de la boue ou de l'eau sale.

Dans la Bhagavad Gita (chapitre 16), Sri Krishna décrit ces différentes qualités, les qualités divines et les qualités démoniaques. Il nous faut étudier cela très attentivement. Nous devrions lire ce chapitre tous les jours et nous efforcer de cultiver les qualités divines et de diminuer les traits démoniaques ou mieux encore, de nous en libérer ; ainsi, notre nature réelle brillera et nous en ferons l'expérience. Quelles sont donc les qualités divines ? Il y en a un bon nombre, et je vais vous les lire :

« *La non-violence, l'adhérence à la vérité, l'absence de colère, le renoncement, la sérénité, l'absence de calomnie, la compassion envers les créatures, l'absence de convoitise, la douceur, la simplicité, l'honnêteté, l'énergie, la mansuétude, le courage, la pureté, l'absence de haine, l'absence de vanité.* »

100

La liste est assez longue et chacune de ces vertus mériterait qu'on lui consacre une journée entière. Selon Dieu, selon le Seigneur Krishna, ce sont ces qualités que nous devrions nous efforcer de développer. Si nous le faisons, notre nature réelle, l'*atman*, pourra se révéler en nous. Il ne suffit pas de méditer, de chanter des *bhajans* ou de prier : il faut également cultiver ces vertus.

Et quelles sont les qualités démoniaques ? L'ostentation, l'arrogance, la suffisance, la colère, l'insolence et l'ignorance en sont quelques unes. Bhagavan Krishna dit que la nature divine nous conduit à la réalisation du Soi, à la libération du cycle des naissances et des morts, tandis que la nature démoniaque mène à la réincarnation et à la souffrance. Mais il n'est pas si facile de cultiver les qualités divines. Nous voulons grandir, nous aimerions grandir, mais pour grandir spirituellement, il faut qu'une autre part de nous diminue : l'ego. Et nous n'avons pas conscience de cette nécessité. Si l'ego diminue, alors la conscience de l'*atman* peut grandir. Telle est la loi divine ; comprendre ce principe et en faire sa règle de vie n'est pas une plaisanterie. C'est ce qu'il y a de si difficile dans la vie spirituelle. Comprendre, entendre et étudier est une chose. Mettre en pratique est une autre paire de manches. Il est très facile de lire et de comprendre les notions spirituelles, mais pas de les mettre en pratique. Il est difficile de les appliquer, si peu que ce soit.

Il était une fois un *mahatma* qui faisait de beaux discours. Beaucoup de gens y assistaient et puisaient dans ses paroles soutien et inspiration. Mais il y avait dans l'assistance un homme qui se moquait toujours de lui et l'attaquait par des remarques cinglantes, essayant toujours de trouver quelque défaut dans sa personnalité, dans sa manière de parler. Il l'insultait devant tout le monde. Cela irritait beaucoup les disciples du *mahatma*. Ils auraient bien voulu que cet homme cesse de venir, mais tous les jours il était là. Le *mahatma* se montrait très amical et gentil envers cet homme, que les disciples surnommaient « le diable ». Ils ne l'aimaient pas ; c'était un tel fauteur de troubles. Un jour cet homme, « le diable », vint à mourir et les disciples s'en réjouirent. Ils ne le manifestèrent pas, bien entendu, mais intérieurement, ils étaient très heureux. Tout le monde se rendit aux funérailles, mais le *mahatma* pleurait. Les disciples vinrent lui demander : « Swamiji, pourquoi pleurez-vous ? Sans doute êtes-vous désolé pour cet homme. Vu la manière dont il se comportait, il doit se trouver maintenant dans un endroit affreux. » Le *mahatma* répliqua : « Mais non, pas du tout ! Pourquoi pleurerais-je sur son destin ? Cet homme est au Ciel. Je pleure pour moi-même, parce que vous faites tous mon éloge, nuit et jour, vous louez mon ego ; il était le seul à me critiquer, le seul qui veillait à raboter mon ego. Maintenant qu'il est parti, qui fera cela pour moi ? »

Voilà la différence. La plupart d'entre nous souhaitent entendre des éloges. Nous désirons être appréciés. Tout cela est de la nourriture pour l'ego, mais c'est ce que nous voulons. Alors qu'un saint, un *mahatma*, n'a aucun désir de ce genre. Tout ce qui peut empêcher l'ego de grandir le rend heureux. C'est pourquoi le *mahatma* déclara : « Maintenant, je ne vais plus pouvoir grandir. Sans cet homme, je ne peux plus grandir. » Maintenant que l'ego va grandir, la conscience divine ne grandira plus. Et cela lui manquait. C'est ce que dit Amma : « Nous ne pouvons pas grandir sans abandonner l'irréel et nous tourner vers le réel. » Un *guru* authentique comme Amma sait quoi faire et à quel moment pour s'assurer que nous grandissons.

L'histoire du roi serviteur de Kabir

C'est l'histoire d'un roi dont le détachement était authentique et qui voulait faire l'expérience de Dieu. Il s'est donc rendu à Kasi (Bénarès), où demeurait le saint Kabir. Il alla trouver Kabir qui lui dit : « Après tout, qu'ai-je en commun avec vous ? Vous êtes un grand roi. Je ne suis qu'un pauvre tisserand. Je pense que vous vous êtes trompé d'endroit. » Le roi répondit : « Non, non, je sais qui vous êtes. Vous êtes un être réalisé, un *mahatma*. Je veux votre grâce, je veux l'initiation. » Kabir dit : « Je vais y réfléchir. »

Le roi se mit donc au service de la famille de Kabir. Il apportait de l'eau, faisait la lessive, épluchait les légumes et faisait tous les travaux durs. A l'époque, il ne suffisait pas d'ouvrir un robinet pour avoir de l'eau. Il fallait aller au puit, puiser l'eau et revenir. Le roi passait donc la plus grande partie de la journée à porter de l'eau pour la toilette, la cuisine et le lavage. Six années passèrent. Il vivait dans une petite pièce à l'arrière de la maison, une petite cellule. Six ans ! A la fin, la femme de Kabir lui dit : « Pourquoi est-ce que tu ne l'inities pas ? Cela fait bientôt six ans qu'il vit ici comme serviteur. Tu as donné rapidement l'initiation à tous ceux qui sont venus ici, mais à lui, tu ne donnes rien. Tu le traites mal. »

Il y a des gens qui disent : « Cela fait cinq ans que mon fils ou ma fille épluche les légumes à Amritapuri. A quoi bon mener une vie aussi inutile ? » Le fait est que la spiritualité ne ressemble pas à la vie dans le monde. C'est parfois en épluchant les légumes pendant cinq ans que l'on peut devenir un *mahatma*. Ce n'est pas très important. Quelqu'un a réalisé Dieu rien qu'en pelletant de la bouse de vache pendant douze ans. Une histoire raconte qu'en pelletant de la bouse de vache dix heures par jour, cet homme s'est mis à voir Dieu en toute chose. Ce n'était pas la bouse de vache, ce n'était pas la pelle. C'était l'attitude avec laquelle il servait son *guru* : il pensait constamment à lui. Il a donc perçu sa présence en toute chose.

Kabir dit : « Tu ne comprends pas. »

Sa femme dit : « Non. Je vois cet homme si humble, si soumis. Il fait tout ce que nous lui disons. Il mange la même nourriture que nous, la nourriture des pauvres. Il dort sur un sol en ciment, dans une petite cellule. Alors comment peux-tu parler ainsi ? Je sais qu'il est prêt à recevoir l'initiation. »

Kabir a répondu : « Appelle-le, mais avant qu'il arrive, fais venir la servante et ordonne-lui de balayer près de la porte. Quand il entrera, qu'elle le frappe avec le balai et lui crie dessus. »

Elle fit donc descendre la servante. Quand le roi entra, celle-ci lui donna un coup de balai en criant : « Coquin ! Pourquoi es-tu entré ici ? Je suis juste en train d'essayer de nettoyer ! Sors d'ici. »

Le roi la regarda et dit : « Si j'étais encore roi, je te donnerais une bonne leçon. » Il ne dit rien de plus. Il alla s'asseoir devant Kabir qui lui dit : « Tu peux sortir. » Il quitta la pièce. Kabir sourit à sa femme, qui ne trouva plus rien à redire.

Six autres années passèrent. Cela faisait maintenant douze années que le roi servait Kabir. On dit qu'il faut servir le *guru* pendant douze ans. Alors vous êtes prêt pour la vraie spiritualité. Avant, ce n'est qu'une préparation. Douze années passèrent donc et Kabir dit un jour à sa femme : « Appelle le roi. Je veux l'initier aujourd'hui. »

« Que veux-tu dire ? Il est exactement le même qu'il y a douze ans. Il est humble et soumis, il fait tout ce que nous lui demandons, » dit la femme.

Kabir dit : « Tu ne peux pas voir son mental, tu ne vois rien d'autre que le corps, non ce qui est à l'intérieur. Moi, je vois ; appelle-le, il est prêt maintenant. »

« Je n'y crois pas. »

« Très bien ; appelle la servante. Dis-lui cette-fois de le battre avec le balai quand il entrera. »

Le roi arriva et la servante le roua de coups dès qu'il passa la porte. Tout en hurlant, elle le chassa hors de la pièce. Il revint et se prosterna en lui touchant les pieds. Il dit : « Merci, mère, j'avais vraiment besoin de cela. »

Kabir l'appela. Il se contenta de le regarder avec des yeux pleins de compassion et le roi entra en *samadhi*. Kabir ne lui murmura pas de mantra à l'oreille. Un regard suffit parce que quand vous êtes vraiment prêt, comme le roi, rien d'autre n'est nécessaire. La présence même du *guru* suffit à vous faire entrer en *samadhi*. Tout le monde n'a pas ce désir. C'est pourtant ce qui arrive quand vous embrassez et cultivez le réel au lieu de l'irréel.

« *Celui qui connaît la Réalité possède le monde entier. Il ne perçoit rien comme différent de son propre Soi.* »

Ananda Vidhi, le chant composé par Amma.

Amma a écrit un chant que beaucoup d'entre vous ont sans doute lu dans sa biographie. Il s'intitule *Ananda Vidhi* et décrit son expérience de la réalisation. Bien sûr, je pense qu'elle était déjà réalisée quand elle est venue au monde, mais pour nous, elle dit qu'elle a pratiqué une *sadhana* et réalisé Dieu. Dans le chant, elle dit que la Mère divine lui est apparue. Elle a vu la Mère divine « en chair et en os ». Et que s'est-il passé ?

« *Souriante, la Mère divine se transforma en lumière et se fondit en moi. Mon esprit s'épanouit, baigné dans la lumière multicolore du Divin. Et les événements de millions d'années apparurent en moi.* »

Amma a vu la forme de la Mère divine. Cette forme est devenue lumière, et cette lumière s'est fondue en elle. Et que s'est-il passé alors ? Toutes les vies passées d'Amma, les expériences de millions de vies passées, lui ont été révélées. Elle a vu toutes ces vies. Il est dit dans les *Yogas sutras* de Patanjali que c'est ce qui arrive juste avant la réalisation : on revoit alors toutes les existences passées et on prend conscience de la futilité de ces naissances et de ces morts successives. Comme une vache qui rumine, nous avons fait et refait indéfiniment les mêmes choses. Cette prise de conscience engendre un immense détachement de ce cycle de morts et de naissances. Le mental s'en retire totalement, à cent pour cent, si bien qu'il se fond dans le Soi et se réveille de ce long rêve de naissances et de morts.

Amma dit donc : « Tous les événements de millions d'années ont défilé en moi. Et ne percevant rien comme séparé de mon propre Soi, percevant l'unité de toute chose, je me fondis en la Mère divine et renonçai à tous les sentiments de plaisir. » Jusqu'à ce moment, nous distinguons entre ce qui est « moi » et ce qui n'est pas « moi ». Comme nous éprouvons le sentiment d'un manque, nous ne sommes pas heureux. En proie à l'ennui, nous recherchons quelque chose qui nous rende heureux. Et ce bonheur, nous le cherchons dans les objets qui ne sont pas « moi ». Nous en profitons un moment et le cycle se répète. C'est la vie.

Amma raconte que dans cet état, quand elle s'est réveillée du rêve de la dualité, elle a vu que ce qui paraissait ne pas être « moi » était en réalité « moi ». Quand vous rêvez, il y a tout un monde qui vous semble réel et vous avez aussi le sentiment d'être dans le rêve. Mais quand vous vous réveillez, que se passe-t-il ? Tout ce monde, les êtres qui s'y trouvaient, ce que vous faisiez, qu'est-ce que cela devient ? Vous. Tout cela n'est que vous. Le rêve, tous ces gens très intelligents, ce monde magnifique et tout ce qui s'y passe, même le Dieu de ce monde devient « vous ». Il en a toujours été ainsi mais vous ne le saviez pas. Amma dit donc que dans cet état de réalisation, elle a pris conscience du fait que tout était elle-même. Alors il n'était plus question de profiter de quoi que ce soit. Comment jouir de soi-même ? Il suffit d'*être* soi-même et cela constitue en soi la béatitude suprême.

Voilà le sens des paroles d'Amma quand elle dit : « Celui qui connaît la Réalité possède le monde entier. Il ne peut rien percevoir comme différent de son propre Soi. » Un tel être ne désire rien. Il n'a besoin de rien, parce que tout est lui-même. Il est réveillé, il ne rêve plus. De tels êtres ont peut-être l'apparence de mendiants, d'êtres qui ne possèdent rien ; mais en réalité, ils possèdent la véritable richesse, parce qu'ils n'ont besoin de rien. Ils ne dépendent de rien.

La rencontre entre Alexandre le Grand et un vrai grand homme

Alexandre « le Grand » s'était probablement donné lui-même ce qualificatif. Il lui fallait dissimuler sa petitesse en se nommant « le Grand ». Il se parait de bijoux et d'or pour se donner de l'éclat, parce que lui-même n'en avait pas. Il est allé en Inde, il a conquis beaucoup de terres et a tué beaucoup de gens parce qu'il était si grand.

Comme vous le savez, l'Inde est le pays des sages. Il a rencontré un *avadhuta* (un être réalisé qui ne se conforme pas aux normes sociales et passe souvent pour fou. Ils n'acceptent pas de disciples et se contentent de jouir de la béatitude intérieure). Cet *avadhuta* ne portait pas de vêtements, il était en costume d'Adam. Assis sous un arbre, il prenait le soleil. Alexandre s'est approché de lui, l'a regardé et il en est tombé amoureux. L'éclat de son visage, la lumière divine le captivaient. Il n'avait jamais rencontré un tel être. Même la personne la plus belle semblait terne à côté de ce *sadhu*.

Alexandre s'approcha donc de lui et lui dit : « Je t'en prie, viens en Grèce avec moi. Je serais très heureux d'avoir ta compagnie. »

Le *mahatma* le regarda et dit : « Ce monde est en moi. Il ne peut pas me contenir. Il est en moi. L'univers, la Grèce, Rome, tout est en moi. Les étoiles sont en moi, le soleil et la lune aussi. Où donc pourrais-je aller ? »

Alexandre dit : « Je te donnerai tout ce que tu veux. Tu auras des serviteurs, une nourriture délicieuse, tous les jours des *papadams* et des chocolats »

(Il n'avaient sans doute pas de chocolat à l'époque, mais ils avaient certainement des *papadams* et du riz au lait)

Le *mahatma* se mit à rire et répondit : « Les diamants brillants que tu portes, le soleil resplendissant, la lune splendide et les étoiles étincelantes, tout cela, tout le charme du monde, sais-tu d'où cela vient ? Cela vient de moi. Après avoir conféré leur éclat à tous ces objets, il serait indigne de moi de leur courir après. Ce serait me comporter comme un mendiant. Je ne veux pas devenir mendiant. Je suis roi, le roi de l'univers. Au revoir. »

Alexandre, bien entendu, fut impressionné. Il ne comprit pas les paroles du *mahatma* mais il fut très impressionné par sa présence. Voilà l'exemple d'un être ayant réalisé le Soi et qui perçoit tout comme lui-même : toute la richesse du monde, ce n'est que lui-même.

Ce sont nos actions qui déterminent notre valeur. Un homme a beau être doté d'une bonne éducation et pourvu d'un bon emploi, s'il vole, personne ne le respecte. On juge des progrès d'un *sadhak* par ses actions. Quelle que soit l'apparence d'une personne, ce qui est important, c'est ce qu'elle est à l'intérieur.

L'histoire d'un petit garçon noir et d'un ballon noir

L'histoire du petit garçon noir est très jolie. Il venait d'une famille très pauvre. Un jour il est allé à la foire, et il a vu un vendeur de ballons. Cet homme connaissait son métier : il coupait la ficelle d'un des ballons et celui-ci s'élevait dans le ciel. Les enfants voyaient ce ballon flotter dans le ciel et tous en voulaient un.

Le petit garçon regardait et il a vu le marchand couper la ficelle d'un ballon rouge et le ballon est monté, puis d'un jaune qui est monté et enfin d'un blanc qui s'est envolé aussi. Le petit garçon regardait en l'air et le vendeur lui demanda : « Qu'est-ce que tu regardes ? » Le garçon dit : « Il y a un ballon noir. Est-ce qu'il s'envolera aussi si vous coupez la ficelle ? » L'homme le regarda alors et dit : « Fils, ce n'est pas la couleur qui fait monter le ballon ; c'est ce qu'il y a dedans. »

Ce qui est important, c'est donc l'intérieur. Ce n'est pas l'extérieur, pas du tout. Amma ne voit même pas l'extérieur de ceux qui viennent à elle. Sinon, comment pourrait-elle vivre comme elle le fait ? C'est ce qu'elle dit : nous pouvons estimer notre progrès par ce que nous manifestons, non par notre apparence. Il ne s'agit pas de notre costume, de notre vêtement. Robin des Bois, par exemple, était un voleur. Mais que faisait-il ? Il prenait aux riches pour donner aux pauvres. Sous bien des aspects, cet homme était bon. En revanche, un homme bien vêtu, habitant dans une magnifique demeure est peut-être un voleur. Il se peut qu'il ait exploité de pauvres gens pour s'enrichir, mais il a l'aspect d'un homme très respectable. Ne nous laissons pas tromper par les apparences extérieures.

La jeune fille qui aimait sa bague

C'est un sujet très vaste. Toute notre vie, nous nous laissons tromper par les apparences. Certains adultes semblent éprouver beaucoup d'amour l'un pour l'autre, ils sont très amoureux. Mais au bout d'un certain temps, s'ils ne se plaisent plus, leur amour tarit. Une petite conversation entre deux amies illustre ce fait. Une femme demanda un jour à son amie : « J'ai entendu dire que tu as rompu avec Tom. Que s'est-il passé ? » Elle répondit : « Oh, mes sentiments envers lui ont changé, voilà tout. » L'amie lui dit : « Vas-tu lui rendre sa bague de fiançailles ? » « Oh non ! Mes sentiments envers la bague n'ont pas changé. »

L'amour d'un enfant pour ses parents

Certains enfants ont cette nature. Un petit garçon se trouvait un jour à l'école et il avait l'air très déprimé, très malheureux. Le maître l'appela et lui demanda : « Qu'est-ce qu'il y a, petit Pierre ? » « Je suis inquiet. » « Mais pourquoi, Pierre ? Tu n'es qu'un petit garçon ! » « C'est... à cause de mes parents. » « Oui, qu'y a-t-il ? » « Mon père travaille toute la journée. Il veille à ce que je sois bien vêtu, bien nourri et à ce que je fréquente la meilleure école de la ville. Il fait même des heures supplémentaires pour être sûr que j'entre dans une bonne université. Et ma mère cuisine toute la journée, elle nettoie la maison et s'occupe de tout. » Alors le maître dit : « Eh bien tu as tout ce qu'il faut, tout va bien, pourquoi es-tu si inquiet ? » Pierre répondit : « J'ai peur qu'ils essayent de s'échapper. »

Voilà ! Ne vous laissez pas duper par les apparences. Tout le monde a un peu d'égoïsme. L'amour parfaitement désintéressé n'existe pas. Le seul amour vraiment désin-téressé, c'est celui que le Divin a pour nous, pour nous ramener à cet état où nous pourrons vraiment goûter la béatitude, où nous serons béatitude. D'ici là, nous vivons dans le rêve de *maya*, mais par la grâce d'Amma, nous nous réveillerons.

Om Namah Shivaya.

fin de la Cassette 16, face A

La patience et la discipline

« Mes enfants, la vie spirituelle n'est possible que pour celui qui a de la patience. Il n'est pas possible de mesurer notre croissance spirituelle uniquement au vu de nos actions extérieures. Nous pouvons avoir une certaine idée de nos progrès spirituels en examinant nos réactions face à des circonstances hostiles. Comment un être qui se met en colère pour une chose futile pourrait-il guider le monde ? Mes enfants, seul un être doté de patience peut guider autrui. L'ego doit être complètement anéanti. Peu importe le nombre de gens qui s'asseyent sur une chaise, elle ne se plaint jamais. Ainsi, peu importe le nombre de gens qui se mettent en colère contre nous, nous devrions développer la force de le supporter et de pardonner. Sinon, il est inutile de pratiquer une sadhana.

La colère nous fait perdre une grande partie de l'énergie que nous obtenons par la sadhana. Si un véhicule est en marche, il ne dépense pas beaucoup d'énergie, mais si nous l'arrêtons sans cesse pour le faire redémarrer, il consommera beaucoup plus d'essence. De même, si nous nous mettons en colère, l'énergie se dissipe au travers de tous les pores de la peau. Bien que ce ne soit pas visible, si nous utilisons un briquet dix ou vingt fois, la quantité d'essence qu'il contient diminue. Ainsi, l'énergie acquise grâce à de bonnes pensées peut *être dissipée de bien des manières. Quand nous sommes en colère, par exemple, nous perdons ce que nous avons gagné grâce à la sadhana. Quand nous parlons, l'énergie ne sort que par la bouche, mais la colère dissipe notre énergie par les yeux et les oreilles, et par tous les pores de la peau. »*

Les principes qu'Amma énonce ici sont très importants ; il ne s'agit pas seulement de principes spirituels car ils ont aussi une valeur pratique et affectent notre vie quotidienne. Pourquoi avons-nous besoin de patience ? Si nous en sommes dépourvu, nous deviendrons peut-être un patient. Et si nous sommes très impatients, nous nous retrouverons peut-être à l'hôpital. La patience est donc extrêmement importante.

Il arrive que des gens viennent trouver Amma et attendent une réponse immédiate à leur question. Ceux d'entre vous qui connaissent Amma ont peut-être vu ce qu'elle fait. Plus la personne est impatiente d'entendre la réponse, plus Amma est patiente et attend pour la donner. Elle ferme les yeux, comme si personne ne lui avait rien demandé. Et ce qui se passe, c'est que peu à peu l'impatience de la personne diminue et que parfois, la réponse lui est révélée spontanément.

Le Boudha enseigne la patience

Un homme rempli de doutes et de questions vint un jour trouver le Bouddha. Il était très impatient. Il déclara : « J'ai une foule de questions à poser ; j'ai besoin d'un darshan spécial. Je veux les réponses tout de suite. » Le Bouddha répondit : « Je répondrai à toutes tes questions, mais dans un an. Pendant un an, garde ton intellect, ta raison et tes doutes pour toi et fais tout ce que je dis. Sois obéissant et vis avec nous comme bihkshu (moine). Au bout d'un an, tu pourras me demander tout ce que tu veux. »

En entendant ces paroles, un autre moine, assis sous un arbre, éclata de rire. Le nouveau venu pensa : « C'est de moi qu'il rit, il se moque de moi. » Il alla le trouver et lui demanda : « Qu'y a-t-il de si drôle ? » Le moine répondit : « Il m'est arrivé la même chose. Si vous avez des questions, mieux vaut les poser maintenant. »

Quand l'année fut presque écoulée, l'homme retourna voir le Bouddha. Le moment venu approchait, mais il était devenu très patient. Son mental était beaucoup plus calme et les questions avaient tout naturellement disparu. Alors qu'a-t-il fait ? Il s'est mis à éviter le Bouddha. Il se sentait un peu intimidé. Alors le Bouddha l'a appelé : « Bien, tu peux maintenant rappeler ton intellect, tes doutes et tes questions, tu peux demander tout ce que tu veux. » Bien entendu, il n'avait rien à demander : il avait trouvé toutes les réponses dans le silence et la patience qu'il avait développée.

C'est une des raisons pour lesquelles Amma ne nous répond pas. Nous pensons peut-être : « Oh, elle ne connaît même pas la réponse ; c'est pourquoi elle ne me répond pas. » Ce n'est pas cela. C'est pour que nous devenions patients. La patience est très importante. Amma parle beaucoup de la manière dont nous perdons l'énergie obtenue par la *sadhana* et de l'effet nocif que l'impatience et la colère ont sur le corps, sur l'esprit et la vie spirituelle. Le corps ressemble un peu à un ordinateur et le mental à un programme informa-tique qui le fait marcher. Mais il y a une différence, c'est que le corps est sans garantie. S'il ne fonctionne pas, nous ne pouvons pas l'échanger. Vous êtes obligé de faire avec ce que vous avez. Vous ne pouvez pas non plus vous procurer le dernier modèle... au moins pas jusqu'à la prochaine vie. Et comme un ordinateur, il y un d'innombrables façons de l'utiliser.

Le mental est pareil à un programme informatique

Certains sont de vrais artistes. Ils sont programmés pour l'art. Sur un ordinateur aussi, vous avez un programme avec lequel vous pouvez dessiner et peindre de magnifiques tableaux. Certains sont orientés vers le commerce ; leur programme, ce sont les affaires. Vous avez aussi des programmes pour la comptabilité, des programmes de banques de données. Certains sont comme des enfants ; ils aiment s'amuser tout le temps. Leur programme est de prendre du bon temps. Et de même, il y a des jeux sur ordinateur. Mais bien que le corps et le mental aient des usages multiples, comme un ordinateur ordinaire, s'il se produit un court-circuit, que se passe-t-il ? L'ordinateur se comporte d'une manière très étrange et imprévisible.

J'ai eu un jour une expérience très drôle à Amritapuri. L'électricité était totalement imprévisible. Les coupures étaient fréquentes et le voltage aussi augmentait ou diminuait constamment. Il était donc difficile de faire fonctionner la climatisation. Si le voltage était suffisant, elle fonctionnait, dès qu'il était en-dessous d'un certain seuil, elle s'arrêtait.

A l'époque, nous commencions tout juste à utiliser un ordinateur à l'ashram pour taper les documents et faire le travail de bureau. Un jour, alors que j'étais en train de travailler, le voltage a chuté, la climatisation a cessé de fonctionner et la température a beaucoup augmenté. Au bout d'un moment, j'ai voulu faire une pause, j'ai cessé de taper ; je regardais simplement l'écran et devinez ce qui est arrivé ? Il s'est mis à taper tout seul ; l'ordinateur était surchauffé et des séries de zzzzzz... traversaient l'écran. J'ai touché le clavier, rien... et puis ppppp.... s'est mis à traverser l'écran. J'ai eu beau tout essayer, l'ordinateur ne m'écoutait pas. Impossible de le raisonner. J'ai fini par jouer le rôle de Dieu et le débrancher.

Ainsi, le système nerveux n'est pas fait de pierre ni de fer. Il est extrêmement délicat. Nous n'en avons pas conscience, surtout quand nous sommes jeunes. Mais comme le dit Amma, la colère et l'impatience, tout cela a un effet sur nous et affecte peu à peu le cerveau et le système nerveux. Notre ordinateur se met à agir de manière très étrange. Il ne nous obéit plus. Nous appuyons sur p et c'est z qui sort. Soyons conscient de cette réalité. Nous ne devrions pas avoir le sentiment qu'après tout, il est bien naturel d'être en colère. « Oh, tout le monde se met en colère. » C'est vrai, tout le monde se met en colère, mais que nous le voulions ou non, cela a un effet extrêmement nocif sur le corps et sur le système nerveux. C'est l'aspect physique de la question et dans le pire des cas, le corps et le mental cessent de fonctionner normalement. Mais quels sont les effets au niveau spirituel ? Voilà la question qui nous intéresse.

Amma dit que l'impatience et la colère nous vident de notre énergie. Tout le monde sait que quand on est tendu, impatient ou que l'on explose de colère, on ressent ensuite une grande fatigue. On se sent épuisé. Voilà le point de vue physique : la colère épuise notre énergie.

Mais pour un être spirituel, l'essentiel est d'atteindre le but. Et ce but n'est pas uniquement de conserver la santé, qui n'est pas un bien éternel. Nous sommes venus à Amma et nous sommes dans l'ensemble des chercheurs spirituels sérieux. La plupart d'entre vous viennent ici chaque semaine et beaucoup ont leurs propres pratiques spirituelles. Ils ont atteint un stade de leur évolution spirituelle dans lequel ils ont pris conscience qu'ils ne voulaient plus être esclaves du mental. Ils veulent être capables de le maîtriser. Les gens ordinaires font en général tout ce que le mental leur dicte. Il ne leur vient pas à l'esprit d'essayer de le maîtriser. Si vous avez de la chance et que votre mental est bon, tout va bien ; si par malchance il est mauvais, votre vie est un désastre.

Mais ce n'est pas le mental qui devrait déterminer notre destin. Nous possédons le libre arbitre et nous devrions en faire usage. C'est exactement le but de la vie et de la discipline spirituelle.

Pour avoir prise sur le mental et lui faire faire ce que nous voulons, il faut beaucoup d'énergie. Le flot du mental est très puissant. Cela revient à essayer de boucher un puits de pétrole en feu. Le mental s'écoule continuellement au travers des sens, il ne cesse d'avoir des pensées et des sentiments.

Pour trouver la paix intérieure et la vraie béatitude, pour avoir une méditation fructueuse, et connaître l'extase pendant les *bhajans*, il nous faut atteindre la source du mental. C'est de là que vient la béatitude. Rien en ce monde ne peut nous procurer le vrai bonheur, la béatitude. Elle est en nous. Si nous pouvons enlever ce qui la recouvre, si nous parvenons à garder un mental parfaitement tranquille, elle se révèlera. Maîtriser le mental est une tâche énorme qui exige toute l'énergie dont nous disposons. C'est pourquoi Amma dit que, bien qu'il y ait de nombreuses manières de dissiper l'énergie, la parole, par exemple, c'est la colère qui en use le plus. Rien n'utilise autant d'énergie que la colère.

La colère dissipe l'énergie accumulée par la sadhana

Bien des gens viennent se plaindre à Amma : « Je médite depuis vingt ans, depuis vingt-cinq ans, et je n'ai toujours aucune expérience. Comment cela se fait-il ? » « Oh, la grâce de Dieu ne se répand pas sur moi, Dieu ne m'aime pas, Amma ne m'aime pas ; Dieu est partial. » Ce n'est pas cela. C'est qu'il y a un défaut dans leur *sadhana*. Comme le dit Amma, ce que nous gagnons pendant la journée, nous le jetons par les fenêtres. Nous sortons acheter des cacahuètes, pour employer son expression. Nous travaillons dur pour gagner de l'argent, puis nous achetons cinquante kilos de cacahuètes. Les cacahuètes n'ont pas grande valeur.

C'est une des principales raisons de notre stagnation spirituelle. Il y a tant de fuites par lesquelles l'énergie se perd, et la
fuite principale, c'est la colère. Ne croyez pas que votre colère
n'ait aucune suite : vous avez ainsi perdu votre argent, votre
sadhana si chèrement acquise. Vous avez peut-être médité une
heure le matin, pratiqué votre *sadhana* toute la journée et beaucoup d'autres activités spirituelles. Vous avez peut-être récité le
Gayatri mantra le matin, mais ensuite vous vous êtes mis en
colère contre votre cousin ; alors même si vous avez récité cent
huit fois le Gayatri mantra, tout le bénéfice s'est envolé. Vous
avez tout dépensé sans rien obtenir en échange. Il s'agit donc de
faire très attention. Même si nous faisons une *sadhana*, il s'agit
de prévenir les fuites.

Quelle est la racine de l'impatience ? L'ego. Amma nous dit
ici que l'ego doit être complètement anéanti. Comment anéantir
l'ego ? Il existe différents moyens.

L'histoire du bain d'Eknath

Amma a de belles histoires à ce sujet. Certaines d'entre elles
sont traditionnelles. Une des histoires favorites d'Amma est celle
d'Eknath, un grand saint du Maharastra dont beaucoup d'entre
vous ont sans doute entendu parler. Eknath était chef de famille
et vivait dans un village. Un des villageois était jaloux d'Eknath
et le haïssait profondément.

L'eau est si chaude en Inde qu'à la campagne, on peut se
baigner dans presque toutes les rivières. Une rivière sacrée coulait
près du village d'Eknath et il allait s'y baigner tous les matins
avant de commencer sa méditation, sa *puja* etc.

L'homme qui le haïssait décida un jour de lui manifester
ses sentiments. Il se posta sur le toit d'un bâtiment près duquel
Eknath passait en revenant de la rivière. Il mâchait de la noix et

des feuilles de bétel (un mélange qui facilite la digestion, d'une couleur rouge foncé) et au moment où Eknath passait près du bâtiment, il lui a craché dessus. Ça lui est tombé juste sur la tête. Qu'a fait Eknath ? Que feriez-vous dans une telle situation ? Pourna, que ferais-tu si quelqu'un te crachait sur la tête ?

« Je lui crierais dessus. »

« Tu lui crierais dessus ? Et toi, Ashok ? »

« Je ne sais pas. »

« Qu'a fait Eknath à votre avis ? »

« Il lui a donné un coup de poing. »

Il lui a donné un coup de poing ? Non, écoute l'histoire très attentivement, Anand. Il a fait demi-tour, il est retourné à la rivière et il a reprit un bain. Puis il a pris le chemin du retour. Et que s'est-il passé ? L'homme lui a de nouveau craché dessus. Comment a réagi Eknath ? Il a fait demi-tour et a pris un autre bain. Et comme il se dirigeait vers le village, qu'est-il arrivé ? Cet homme lui a encore craché dessus. On peut au moins dire de lui qu'il avait beaucoup de patience. Ce manège s'est répété cent fois. Cent fois, l'homme a craché et Eknath est allé reprendre un bain.

Au bout de cent fois, voyant la patience d'Eknath, l'homme a compris que c'était un saint.

« Oh, mais c'est affreux, ce que j'ai fait », a-t-il pensé. Il a couru se prosterner aux pieds d'Eknath en disant : « Je t'en prie, pardonne-moi, pardonne-moi. Je ne savais pas qui tu étais. » « Mais quoi donc ? Tu n'as rien fait. » « Mais si, je t'ai craché dessus toute la matinée. »

« Mais non, dit Eknath, je devrais te remercier, parce que d'habitude, je ne me baigne qu'une fois par jour dans cette rivière sacrée. Aujourd'hui je me suis baigné cent fois. Jamais je ne pourrai te rendre la grâce que tu m'as faite. Laisse-moi au moins te toucher les pieds. » Et il s'est prosterné devant cet homme.

C'est une histoire vraie. Un moyen de développer de la patience est donc de penser à l'immense patience des *mahatmas*. Quand nous avons l'occasion de faire preuve de patience, rappelons-nous cet incident. Comment Eknath s'est-il comporté face à une telle provocation ? Après tout, personne ne nous frappe, personne ne nous crache au vi-sage. Il se peut que quelqu'un nous fasse quelque chose que nous n'aimons pas, ou bien se montre trop lent, ou bien encore que quelqu'un nous insulte. Nous devrions essayer de modeler notre vie, nos réactions sur celles des *mahatmas*. La vie d'Amma nous en offre tant d'exemples, il suffit de lire sa biographie.

Bouddha garde le silence face aux insultes

Il y a un autre moyen, c'est d'être indifférent, détaché, face à une situation de provocation. Voici une autre histoire, qui met en scène le Bouddha. Quelqu'un est venu l'insulter, lui dire un tas de méchancetés. Qu'a fait le Bouddha ? Voyez, je vous donne une autre chance, Anand ! Tu as encore deux secondes, Ashok !

« Il est resté calme. »

Très juste, il est resté calme. Bien, mon garçon. Il s'est contenté d'écouter. Puis il s'est tourné vers l'homme et lui a dit : « J'ai une question à vous poser. Si vous préparez un festin délicieux pour des invités et que ceux-ci ne viennent pas, que ferez-vous ? » Que feriez-vous ?

« Eh bien je mangerais la nourriture moi-même. »

Exactement. C'est ce que l'homme a répondu. Bouddha a répliqué : « C'est cela. Tu m'as servi toutes ces insultes délicieuses mais je ne vais pas venir les manger. Il va falloir que tu les manges toi-même. » Il ne s'est pas fâché. Il était indifférent, parfaitement détaché. C'est une des voies. Quoi que l'on vous dise, restez détaché. Rappelez-vous le Bouddha et faites comme lui. Voilà une manière d'agir.

Laissez-moi vous lire un petit conseil d'Amma à ce sujet.

« Il peut arriver que quelqu'un ne soit pas d'accord ou bien se dispute avec vous. Ne réagissez pas. Essayez de rester calme. Votre calme désarmera votre adversaire. Si vous avez des doléances, venez en parler à Amma, mais ne vous mettez pas en colère. Ne parlez pas de manière discourtoise ou blessante. »

Comment arrêter la colère ? Les conseils d'Amma

Amma nous dit de venir lui en parler. Que faire ? Nous sommes au bureau, quelqu'un se met en colère contre nous et nous ne sommes pas censés nous mettre en colère. Faut-il prendre le premier avion et aller à Amritapuri pour en parler à Amma ? « Amma, avant hier, au bureau, quelqu'un... » Cela ne marchera pas ; alors que faire ? Intérieurement, dites-le à Amma. C'est ce qu'elle veut dire. Cela permettra à l'énergie, à la réaction qui monte de se dissiper. « Amma, vois comment cet homme me traite. Ne sait-il pas que je suis ton dévot ? »

« Si vous ressentez de la colère, ne l'exprimez pas immé-diatement. Quittez les lieux et isolez-vous pour réfléchir et méditer. Vous découvrirez que la cause de votre colère n'est pas dans l'autre personne, mais en vous-même. Ce n'est pas l'autre qui a déclenché votre colère, mais votre passé. Le passé est votre livre de référence. La colère est en vous, quelqu'un la touche accidentellement et vous entrez en éruption. »

La lettre du professeur

Vous vous rappelez peut-être l'histoire qu'Amma a racontée l'année dernière : celle de l'homme qui donne une conférence à la radio sur un sujet qu'en réalité, il ne connaît pas très bien. Le lendemain, il a reçu une lettre. Il avait bluffé pendant la conférence, et cette lettre, écrite par une femme, lui disait carrément : « Si vous ne connaissez pas le sujet, pourquoi donnez-vous une conférence à la radio ? » Mais voilà, dans sa spécialité, cet homme était une autorité. C'était un grand professeur. Son ego a donc été piqué. Il s'est mis très en colère, il a pris du papier et un stylo, et il a écrit une lettre cinglante, qu'il a mise dans une enveloppe. Il l'avait cachetée et allait la poster quand il s'est rendu compte que la poste était déjà fermée. Il l'a donc laissée sur son bureau.

Le lendemain matin, en entrant dans son bureau, il a vu la lettre et il s'est dit qu'avant de l'envoyer, il allait la relire. « Oh, mon Dieu, j'ai été très impulsif et bien dur avec cette femme. Après tout, ce qu'elle m'a écrit n'était pas si méchant. » Il a réécrit la lettre, a fermé l'enveloppe, puis il s'est dit : « Si mon état d'esprit a pu changer autant en l'espace de douze heures, mieux vaut peut-être que j'attende encore douze heures avant de poster la lettre. »

Il l'a mise dans le tiroir et il l'en a sortie douze heures plus tard pour la relire. Puis il s'est dit : « Oh, ce n'est toujours pas une très bonne lettre. Elle est assez méchante. » Il l'a donc réécrite. Et il a procédé de la même manière. Au bout de deux jours, il l'a ressortie et la dernière version de la lettre était une lettre d'amour. « Chère Madame, Je vous suis très reconnaissant de m'avoir indiqué mes erreurs. J'aimerais vous rencontrer. Peut-être pourrions-nous dîner ensemble ? »

Il a suivi le conseil que nous avons vu : attendre. Quittez les lieux, n'exprimez pas immédiatement votre colère. Alors peu à peu, elle diminuera et vous verrez que ce qui l'a déclenchée, ce n'est ni la personne ni la situation : c'est votre habitude de vous mettre en colère, voilà tout. Cela vous est déjà arrivé auparavant et vous gardez le souvenir subtil du plaisir que vous avez éprouvé en exprimant cette émotion. Quand l'occasion se présente et que quelqu'un touche un endroit sensible, ce souvenir ressurgit : « C'était agréable d'être en colère » et vous vous enflammez de nouveau. Amma nous dit de rompre cette réaction en chaîne. Même si notre réaction ne peut pas être positive, il s'agit de s'arrêter et d'aller ailleurs, d'attendre que la colère se calme. Ce sera le début de sa fin.

> « La colère est pareille à une plaie infectée : si quelqu'un y touche, vous souffrez. S'il appuie plus fort, il en sortira du pus et du sang qui engendreront encore plus de souffrance. Oui, la colère est une blessure profonde, c'est une maladie qui exige d'être traitée. Elle réclame votre compassion et votre attention aimante. »

L'attention, c'est ce dont manque la plupart d'entre nous. Nous avons des problèmes, des émotions négatives, mais nous ne leur accordons aucune attention. Nous les mettons sous le tapis, jusqu'à ce que nous-mêmes soyons mis sur le tapis, c'est-à-dire jusqu'à ce que nous quittions cette terre. Ces problèmes exigent que nous leur prêtions attention.

> « Donc, quand quelqu'un se met en colère, rappelez-vous que la personne est malade. N'aggravez pas sa maladie. Ne faites pas couler plus de sang de sa blessure. Ne lui causez pas plus de douleur en appuyant toujours plus fort sur la blessure. »

Donc, peu importe votre propre colère ; quand quelqu'un d'autre se met en colère, n'envenimez pas les choses en le provoquant. Si vous souffrez beaucoup après vous être mis en colère, c'est aussi le cas de l'autre personne. N'appuyez donc pas sur ses plaies. Ayez pitié d'un être qui souffre.

« Une personne en colère a besoin de compassion. Mettez du baume sur ses blessures. Mes enfants, Amma veut vous rappeler qu'il s'agit pour vous d'une occasion de développer votre amour. Aucun d'entre vous n'est réalisé. Des désaccords peuvent donc surgir. Efforcez-vous de pratiquer l'amour et la patience. »

Une autre manière qu'a l'ego de s'exprimer et de perdre son énergie, c'est de critiquer tout et tout le monde excepté lui-même. « Je suis irréprochable. Mais personne d'autre ne l'est. Ils sont tous fautifs, ils ont tous tant de défauts, mais moi je suis très bien. » Et nous nous mettons en colère contre les gens à cause de leur nature. Nous les critiquons, dissipant ainsi notre énergie.

Voir Dieu en chacun

Eh bien, il y a une solution à cela aussi et voilà une histoire à ce propos. Il était une fois dans l'Himalaya un grand yogi plongé en *samadhi*. Il était en profonde méditation, le mental parfaitement calme. Il eut un jour la visite du supérieur d'un monastère, qui avait fait un long voyage pour venir le voir. Pourquoi ? Eh bien c'est que ce monastère, qui avait été autrefois florissant, dépérissait. Auparavant, de nombreux moines y vivaient et il y avait même une liste d'attente pour y entrer. Le week-end, les visiteurs étaient nombreux. La salle de méditation était toujours pleine, la psalmodie des textes sacrés était magnifique. Mais peu à peu, les choses s'étaient dégradées. Personne ne voulait plus entrer au monastère. La salle de méditation s'était vidée, personne ne récitait plus les versets des Ecritures et il ne restait plus que le squelette d'un monastère : quelques vieux moines qui veillaient à tout ; eux aussi étaient malheureux.

Le supérieur était contrarié. Ayant entendu parler de ce grand sage qui vivait dans l'Himalaya, il avait décidé d'aller le voir et de lui demander ce qui n'allait pas, quelle était la cause de ce déclin. Il s'approcha donc du *mahatma* et se prosterna. Le sage ouvrit les yeux et le regarda.

« Que veux-tu ? Pourquoi es-tu venu ici ? »

Le moine dit : « Notre monastère est devenu un désert. Commettons-nous une erreur ? »

« Oui. Vous faites une erreur, bien que ce soit par ignorance », dit le *mahatma*

« Vraiment ? Quelle est donc notre erreur ? »

Le yogi déclara : « Vous ignorez que l'un de ceux qui vivent dans le monastère est un *avatar*, une incarnation divine, un Messie. C'est à cause de votre ignorance, c'est parce que vous ne le traitez pas correctement que tous ces problèmes ont surgi. »

Le moine était ébahi ! « Dans notre monastère ? Un *avatar* ? Je vais aller annoncer la nouvelle à tout le monde. »

Il rentra donc en toute hâte à l'abbaye, réunit les moines et leur annonça : « Ce *mahatma* qui vit dans l'Himalaya dit que l'un d'entre nous est un *avatar* et qu'il se cache. »

Ils répondirent : « C'est incroyable ! Que dis-tu ? Ce ne peut pas être le moine cuisinier : il ne sait pas cuisiner. Ce n'est pas le secrétaire, lui qui fait tant de fautes de grammaire, et ce n'est sûrement pas le comptable : chaque jour nous perdons de l'argent. Tout le monde ici est rempli de défauts. Aucun d'entre nous ne peut être un *avatar*. »

« Non, non ; le sage ne peut pas se tromper. Il a dit que l'un d'entre nous était un *avatar* et qu'il se cache. Mieux vaut donc traiter tout le monde avec respect et révérence, parce que nous ignorons de qui il s'agit et qu'il ne nous révèlera pas son identité. »

Ils se traitèrent alors mutuellement avec beaucoup de respect, de dévotion et de révérence ; toute l'atmosphère en fut transformée. Et bientôt, il y eut une longue liste d'attente pour entrer au monastère. La salle de méditation se remplit de nouveau. La psalmodie des versets sacrés redevint magnifique et le monastère refleurit dans toute sa gloire.

C'est ainsi que nous pouvons nous libérer de l'ego. Voyez Dieu en chacun. Et s'y vous n'y parvenez pas, essayez de vous rappeler le regard d'Amma quand elle vous regarde, quand elle regarde toute personne qui l'approche. Quel est ce regard ? Que voit-elle ? Vous voit-elle comme un individu ? Non ; elle voit le dénominateur commun, ce qui est identique en chacun : Dieu. Essayez donc de vous rappeler son regard, de développer cette attitude, et l'ego disparaîtra. L'impatience diminuera, la colère s'évanouira et le mental sera tranquille. Alors vous parviendrez à méditer. Vous connaîtrez l'extase et deviendrez les enfants pleins de béatitude de la Mère divine !

Om Namah Shivaya.

fin de la cassette 16, face B

La persévérance et la dévotion

Nous étudions « Paroles d'Amma » et nous en sommes au verset 150. La semaine dernière, nous avons terminé la partie de ce verset qui concerne la patience et le manque de patience. Et les deux derniers versets dans cette catégorie traitent de la discipline. Il s'agit donc en bref de cultiver la patience et de se libérer de l'impatience.

> « Mes enfants, il est nécessaire pour un chercheur spirituel de se conformer à un emploi du temps rigoureux. Il lui faut observer un horaire quotidien de japa et de méditation, toujours à la même heure et pour la même durée. Prenons l'habitude de méditer quotidiennement, à une heure donnée. Cette habitude sera notre guide. Ceux qui suivent une discipline spirituelle à des horaires réguliers la suivront automatiquement à l'heure dite. Quelqu'un qui a l'habitude de boire du thé à une heure précise s'agite et court chercher du thé si par hasard il en est privé. »

Chaque semaine nous parlons en fait de la même chose, il s'agit seulement d'un emballage différent. Nous parlons du but de la vie humaine, qui selon de nombreux sages, de nombreuses religions, est de se connaître soi-même. Réaliser le Soi, c'est cela la véritable vie spirituelle et elle ne se résume pas à aller au temple, à prier Dieu et à lire des livres. Il ne s'agit pas de connaître ce que nous prenons pour nous-mêmes, le corps et la personnalité changeante, mais le vrai Soi, le vrai « Je » qui est en nous. Ou bien si nous considérons le point de vue de la dévotion, il s'agit de s'unir à notre Source, au Créateur, à Dieu. Cela seul nous apportera le contentement que nous cherchons.

La vraie vie spirituelle nous enseigne des techniques qui rendent le mental parfaitement paisible, nous permettent d'être heureux et de mener une vie juste. Il s'agit d'éviter de commettre des actions qui engendreront de la souffrance dans le futur et d'accomplir des actions qui nous apporteront du bonheur. Pour cela, il nous faut apprendre la discipline et les enseignements des sages et des Ecritures.

En essence, le message de toutes les Ecritures, de tous les sages, y compris celui d'Amma, c'est que pour atteindre la paix intérieure il nous faut dompter le mental et les sens. C'est tout l'enseignement de la Bhagavad Gita. Pour cela, une certaine quantité de discipline systématique est néces-saire, il n'y a pas de raccourci. Si nous parvenons à cet équanimité, à cette égalité d'humeur dans le plaisir et dans la douleur, dans la chaleur et dans le froid, dans ce monde d'opposés, alors une béatitude indescriptible jaillira de l'intérieur. Nous éprouverons une béa-titude intérieure insoupçonnée. Alors la réalité du Soi, la réalité de la présence divine deviendra évidente et nous plongerons profondément en Cela. Jusque là, il s'agit de croire les paroles des sages et celles des Ecritures, d'avoir foi en elles. A moins d'avoir la bonne fortune d'avoir un aperçu de cet état, soit par chance, soit grâce à la compagnie d'êtres comme Amma.

Le mental est un faisceau d'habitudes que l'on appelle des *vasanas*. Elles peuvent être bonnes et nous aider à atteindre le but. Elle peuvent aussi être mauvaises, négatives, et ainsi nous éloigner de notre but, la paix intérieure. Se souvenir du but, c'est ce qu'Amma appelle *lakshya bodha*. Ayez toujours le but présent à l'esprit. Ne l'oubliez jamais, alors tout le reste deviendra clair et compréhensible.

Il nous faut créer des habitudes spirituelles solides, qui nous réveillent de la somnolence de la vie et de la mort, qui nous apportent la paix intérieure, qui domptent le mental. Il n'y a là rien de mystérieux. Il s'agit d'une méthode scientifique qui peut devenir une seconde nature. Il se peut que notre mental soit actuellement très distrait, qu'il soit tourné vers l'extérieur au point que sa tendance soit de ne jamais penser à Dieu, au Soi, au *guru*. Mais grâce à la discipline, à une discipline régulière et à des pratiques quotidiennes, nous pouvons le transformer au point qu'il ne pense plus qu'à Dieu. Le mental, la conscience, se tournera constamment vers Dieu, vers le *guru*, vers le Soi.

Les habitudes régissent le mental

Le fonctionnement automatique du mental, sa nature spontanée et gouvernée par l'habitude engendre parfois des problèmes. Un homme trouva un jour chez un bouquiniste un vieux livre qu'il acheta pour trois dollars. C'était en fait un livre très précieux, d'un point de vue matérialiste, sans doute le livre le plus précieux au monde. Il le rapporta chez lui et il vit au dos du livre une inscription qui disait : « Sur le rivage de la mer, à un certain endroit, il y a une pierre philosophale. » Tout le monde sait ce qu'est une pierre philosophale ? C'est une pierre qui transforme tout ce qu'elle touche en or. Du point de vue matériel, il s'agit donc d'un objet très précieux. C'est peut-être un mythe, mais dans de nombreuses traditions, dans de nombreuses cultures, il est question d'une pierre philosophale. Que disait donc l'inscription ? « Sur le rivage, à un certain endroit, il y a des monceaux de pierres noires qui se ressemblent toutes. Mais l'une d'entre elles est la pierre philosophale. » Comment trouver cette pierre parmi toutes les autres ? La fin du paragraphe disait : « Toutes les pierres se ressemblent ; la différence, c'est que la pierre philosophale est chaude comme si elle était vivante, alors que toutes les autres sont froides au toucher. »

Cet homme a pensé : « Il s'agit d'un livre très ancien et en ce temps-là, les gens ne faisaient pas de farces ; cela doit donc être vrai. » Il a donc emprunté de l'argent, suffisamment pour pouvoir rester un an près du rivage ; il a découvert l'endroit où se trouvaient les pierres noires et il s'est mis à chercher la pierre philosophale. Il ramassait une pierre et si elle était froide, que faisait-il ? Il ne la jetait pas sur le rivage, car il aurait risqué ainsi d'examiner toujours les mêmes pierres ; il jetait toutes les pierres qu'il avait examinées dans la mer. Quand il voyait une pierre, il la ramassait et si elle était froide au toucher il la jetait dans la mer.

Il a donc fait cela jour après jour, mois après mois et une année a passé sans qu'il trouve la pierre. Il a emprunté encore plus d'argent, il est resté pendant deux ans encore près de la mer. Au bout de trois ans, il a un jour ramassé une pierre, il a senti qu'elle était chaude, mais il l'a jetée dans l'eau !

Telle est la nature de l'habitude. Il ne s'agit pas ici d'une bonne habitude, simplement d'une habitude. Mais telle est la nature du mental : il est possible de l'entraîner pour qu'il s'accroche à Dieu ou répète le mantra quoi qu'il arrive, afin que, maîtrisé, il cesse de réagir. Cette histoire montre la nature irréfléchie du mental, dominé par les habitudes.

Il a aussi une nature impulsive. Vous connaissez peut-être l'histoire des Pandavas et ce qui leur est arrivé dans la forêt, alors qu'ils étaient en exil. Un jour que les quatre frères avaient très soif, ils ont envoyé l'un d'entre eux chercher de l'eau. Il est arrivé à un lac et a entendu une voix venant des arbres : « Qui es-tu ? Ceci est mon lac et si tu ne réponds pas à mes questions, tu mourras. Tu ne pourras boire qu'une fois que tu auras répondu à mes questions. »

Qu'est-il arrivé ? Les Pandavas sont des rois, ils sont donc très fiers et un peu arrogants. Le Pandava répondit aussitôt : « Ah ! Qui es-tu ? Je boirai si je veux ! » Cette impulsion à la fierté, à l'arrogance s'est manifestée instantanément. Il est allé boire et il semble qu'il soit mort sur le champ. Un par un, les autres frères sont partis à sa recherche et le même scénario s'est déroulé. Chacun a déclaré : « Pour qui te prends-tu ? Je peux boire si je veux ! » Et après avoir bu, chacun des frères s'est effondré aussitôt, mort.

Mais le dernier, Youdhisthira, était un vrai *sadhak* et sa nature était spirituelle. Qu'a-t-il fait ? Quand il a entendu la voix, il a maîtrisé sa nature impulsive. C'est ce que fait une personne vraiment spirituelle. Ils ont peut-être une petite réaction, mais aussitôt ils l'arrêtent et vont au-delà. C'est ce qu'a fait Youdhisthira. Il peut-être eu pensé : « Qui ose donc ? », mais il a saisi la situation : tous ses frères gisaient morts près du lac. Il s'est dit qu'il devait y avoir une certaine vérité dans les paroles de cette voix. Les autres, voyez-vous, étaient impulsifs ; ils ont eu beau voir les cadavres, sous l'emprise de l'impulsivité, ils n'ont pas voulu écouter.

Youdhisthira a répondu correctement à toutes les questions (en réalité, tout cela était un test donné par son père, Yama, dieu de la mort et du *dharma*) et il a obtenu la permission de boire. C'est une longue histoire, mais qui se termine bien. Il a reçu la faveur de voir tous ses frères revenir à la vie. Et ils ont ensuite vécu heureux... si on peut dire ; le Mahabharata est une grande tragédie, ils n'ont donc pas réellement vécu heureux ensuite.

Voilà comment une mauvaise habitude peut nous plonger dans les difficultés. Mais c'est à nous d'utiliser la nature du mental, conditionné par les habitudes, en observant un emploi du temps strict, avec des horaires fixes réservés quotidien-nement au *japa* et à la méditation.

Le mental a encore un autre trait curieux : « Je le ferai, mais pas aujourd'hui, plus tard. » Il s'agit sans doute d'une bonne chose qu'il devrait faire mais qui n'est pas à son goût. Comme ce n'est pas agréable, il dit : « Je le ferai plus tard. » Nous devons peut-être nous défaire d'une mauvaise habitude et nous repoussons l'effort en disant : « Pas aujourd'hui, je m'en débarrasserai plus tard, dans le futur. »

Un prêtre aperçut un jour en marchant dans la rue un groupe de paroissiens. Et où se trouvaient-ils ? Dans un bar ! Le prêtre en fut très contrarié. Il est entré et s'est mis à les réprimander. « Venez, partons ! » leur a-t-il dit.

Il a rassemblé ses ouailles et les a emmenés à l'église pour les sermonner : « C'est terrible. A quoi cela sert-il que je vous enseigne tous les dimanches ? Bon, que tous ceux qui veulent aller au Ciel se mettent à gauche. » Aussitôt, tout le monde est allé à gauche à l'exception d'un homme qui est resté là, arrogant et obstiné. Le prêtre lui a demandé : « Ne désires-tu pas aller au Ciel ? »

« Non », a répondu l'homme.

« Comment ? Je ne peux pas y croire. Tu ne veux pas aller au Ciel quand tu mourras ? »

« Si, bien sûr, je veux aller au Ciel quand je mourrai. Je pensais que vous vouliez dire, maintenant ! »

Nous sommes donc prêts à faire de bonnes actions, mais pas maintenant, c'est cela le problème.

L'importance de la régularité ; l'usage du réveil

Alors comment développer de bonnes habitudes ? En fait, une fois que l'on commence, cela devient très naturel. J'ai eu par exemple l'expérience suivante : nous sommes censés nous lever vers quatre heures du matin ; c'est le meilleur moment pour les pratiques spirituelles. Vous mettez donc votre réveil à quatre heures du matin. Les premiers jours ou les premières semaines, voire les premiers mois pour certains, il est très difficile de se lever, de ne pas se recoucher. Il y en a même qui utilisent deux réveils pour y arriver. Je connais quelqu'un qui en avait deux. Mais si vous faites cela religieusement pendant un certain temps, vous n'aurez même plus besoin de réveil. Le réveil intérieur se met à sonner avant.

C'est ce qui m'est arrivé. Je me servais d'un réveil mais au bout de quelques mois, quelque chose sonnait en moi avant le réveil. Je me réveillais cinq secondes avant la sonnerie et c'est devenu une habitude permanente. Aujourd'hui encore, c'est la même chose, je me réveille toujours à la même heure, depuis vingt-cinq ans. C'est donc possible avec un peu de persévérance. Une fois que vous avez développé ce genre d'habitude, il est très difficile d'y renoncer ; s'il vous arrive de manquer votre séance de méditation ou de *japa*, de rester au lit au lieu de vous lever, vous vous sentez mal à l'aise. Toute votre journée est déséquilibrée. Vous aurez la même sensation que celui qui n'a pas son thé à l'heure habituelle : il se sent agité et part en courant chercher du thé. Ainsi, si vous faites des pratiques spirituelles régulières, vous en retirerez une certaine paix, un certain plaisir, et si vous manquez une seule journée, vous aurez le sentiment que quelque chose ne va pas. Vous vous sentirez très mal. Amma explique que c'est parce que notre être entier, l'aura, le mental, se met à vibrer à une certaine fréquence grâce aux pratiques spirituelles. Si vous les négligez, cela rompt l'harmonie et vous avez le sentiment que quelque chose ne va pas.

J'avais l'habitude de me lever à trois heures et demie du matin. Quelle que fût l'heure à laquelle je me couchais, et c'était en général assez tard, vers onze heures ou minuit, je me levais à trois heures et demie. Trois heures et demie exactement, et je me rappelle qu'un jour, je me suis réveillé à trois heures trente et une. Le réveil a sonné à trois heures trente, je me suis tourné en pensant : « Je vais me lever dans une seconde. » Vous savez, parfois cette seconde dure une heure ou deux. Elle a cette fois duré une minute. Il était trois heures trente et une. Toute ma journée en a été chamboulée. Tout était en retard d'une minute, jusqu'à ce que je me couche. Je n'ai eu aucune paix intérieure ce jour-là, à cause de cette minute de décalage.

Nous en sommes capables. Ce n'est pas impossible. Alors si vous méditez tous les jours et que vous faites régulièrement vos pratiques spirituelles, vous pourrez juger clairement de vos progrès et parfois aussi des régressions éventuelles. « Mais pourquoi étais-je si perturbé aujourd'hui ? Qu'est-ce qui a changé par rapport à hier ? Hier j'ai eu une bonne méditation et aujourd'hui non. » Si vous êtes très régulier dans vos pratiques, vous réussirez à trouver la cause des obstacles qui surgissent, des régressions, des digressions.

Beaucoup de gens disent : « J'ai eu une bonne méditation aujourd'hui, je ne sais pas pourquoi. » Certains disent : « Ma méditation a été très mauvaise aujourd'hui, je ne sais pas pourquoi. » Si vous êtes régulier dans votre pratique spirituelle, vous serez capable de déceler la cause et d'y remédier.

Ne croyez pas que le fait de répéter soit insignifiant. La répétition est la clé de la réalisation du Soi. Prenez par exemple le *japa*. Il n'est même pas nécessaire de connaître la signification du mantra. C'est ce que dit Amma : « Il suffit de le répéter. Ne vous souciez même pas d'en connaître le sens. » Pratiquez cette répétition inlassablement. Peu à peu, votre esprit en sera purifié. Le nombre des pensées diminuera et la vérité vous sera révélée.

L'histoire du swami qui psalmodia le Ramayana 108 fois

J'ai un jour rencontré un swami à qui un *mahatma* avait dit de lire cent huit fois le Ramayana de Tulasi. Il ne s'agit pas d'un petit ouvrage mais d'un monument. C'est un livre merveilleux, divin, écrit par un être réalisé du nom de Tulasidas. Il raconte l'histoire de l'incarnation du Seigneur Rama.

Le swami a pris cela à cœur, il s'est dit : « Si un *mahatma* me dit de le faire, cela vient de Dieu. » C'est ainsi que nous devrions nous comporter envers les grandes âmes. Si elles vous disent de faire quelque chose, ne le prenez pas à la légère, comme si cela venait de Monsieur Untel. Considérez que c'est Dieu Lui-même qui vous a parlé. Il a donc pris cela très au sérieux et il s'est mis à lire le Ramayana de Tulasi. Que faisait-il le reste du temps ? Rien. Il passait vingt heures par jour à lire le Ramayana de Tulasi, et puis il dormait ; il lisait peut-être moins de vingt heures parce qu'il devait manger, prendre son bain etc.

Quand il est arrivé à la centième fois, il m'a raconté : « Jusqu'à ce moment-là, j'avais souvent eu beaucoup de mal. : il m'arrivait parfois de m'endormir, je piquais du nez sur le livre, je m'ennuyais terriblement, j'en avais assez. Il m'arrivait de penser : « Comment vais-je réussir ? C'est impossible. J'ai été stupide d'accepter cette discipline. »

Malgré tout, il a continué. Il se levait parfois et marchait autour du livre ou faisait le tour de sa chambre.

Il avait décidé d'aller jusqu'au bout ; il était sûr d'en retirer quelque chose car il avait la foi. Et quand il a lu le livre pour la centième fois, le sens profond des mots de Tulsidas s'est révélé à lui comme par illumination ; des vagues de béatitude le submergeaient d'extase. Il ne pouvait même plus lire une ligne. Il perdait toute conscience du monde. Seule la présence de Dieu brillait en lui.

La répétition nous apporte la grâce

Cela n'avait rien à voir avec une compréhension intellectuelle. C'est la tendance moderne maintenant : lire les Ecritures et les interpréter. Les *gopis* symbolisent tous les nerfs du corps ; Krishna le *Paramatman* dans le corps ; et les *gopis* qui sont montées jusqu'au septième étage pour voir Krishna qui passait dans la rue représentent la *kundalini shakti* qui s'élève jusqu'au *sahasrara*[1]. Et la pluie de pétales de fleurs, c'est la béatitude divine. Il y a des orateurs qui analysent tout ainsi, pour satisfaire le côté intellectuel de leur auditoire.

Certains se demandent : « Qu'est-ce que cela signifie ? », mais c'est inutile. Si vous prenez un livre écrit par un *mahatma* comme Tulsidas, ou bien le Srimad Bhagavatam ou le Mahabharata, n'importe quel livre écrit par un *rishi*, un sage, et que vous le lisez et le relisez sans cesse, que se passe-t-il ? La grâce de ce *rishi* s'éveille en vous ; malgré ce que vous êtes, la connaissance divine, la grâce s'éveille. Et vous connaissez la béatitude, l'extase, votre intuition et votre pouvoir de pénétration s'éveillent. Il n'y a pas d'autre moyen. Nous pouvons exercer notre intellect de toutes les manières, jamais nous n'obtiendrons ce degré de compréhension. Seule la grâce peut nous le donner, et la grâce s'obtient par la répétition et la discipline. Il n'y a pas d'autre voie.

C'est la même chose avec le mantra. Répétez-le sans cesse, inlassablement, et vous recevrez la grâce. Vous avez peut-être entendu parler du Shankaracharya de Puri. Il avait étudié les Védas. Il a lu des mantras qui lui ont semblé n'avoir aucun sens. Ils avaient la forme de formules mathématiques très étranges, du style « un plus un égal trois ». Il s'est dit : « Les *rishis* étaient-ils stupides pour écrire de telles choses ? » Il ne comprenait pas. Mais

---

[1] *Chakra* situé au sommet du crâne ; lorsque l'énergie de la *kundalini* y accède, la réalisation se produit.

il était fermement convaincu que toutes les paroles des anciens *rishis* correspondaient à la vérité.

Il est donc allé voir un autre *mahatma*, mais vivant celui-là, et lui a demandé : « Quel est le sens de tout cela ? » Le sage a répondu : « Je ne peux pas te le donner, mais je peux d'indiquer comment le trouver. Va t'installer en face de l'ashram, dans les bois, et répète le mantra de Sarasvati Dévi, la déesse de la connaissance et du savoir. Essaye d'obtenir sa grâce. Si tu l'obtiens, tu comprendras, car les mantras ont leur source en Dévi. »

Il a traversé la rivière et pendant huit années, il a passé la plus grande partie de ses jours et de ses nuits à répéter un mantra pour obtenir la grâce de Sarasvati. Il lui est arrivé la même chose qu'au swami qui lisait le Ramayana. La signification de ces mantras s'est révélée à lui en un éclair. Il s'agissait d'un langage symbolique. Le cinq signifiait quelque chose, le quatre autre chose, etc. La personne a fini par découvrir l'ensemble de ces significations, et alors n'importe quel calcul mathématique, même le plus compliqué, pouvait être fait d'un trait.

Il a écrit un livre qui s'intitule les Mathématiques Védiques et qui contient l'essence de cette révélation. Il est venu aux Etats-Unis et il a enseigné ce système pendant un certain temps dans de nombreuses universités. Les gens étaient sidérés.

Un de mes amis est venu à Amritapuri et je lui ai parlé de ce livre. Il s'en est procuré un exemplaire qu'il a apporté au Centre de recherche nucléaire de Los Alamos, au Nouveau Mexique et qu'il a montré à quelques uns des scientifiques qui travaillaient là. Ils ont eu du mal à en croire leurs yeux, parce que personne n'aurait pu découvrir ce système à l'aide du mental.

Voilà donc comment la grâce peut s'obtenir au moyen de la répétition. Ne croyez pas que l'habitude et la répétition soient absurdes. Si Amma nous dit de répéter notre mantra régulièrement, de faire notre méditation régulièrement, ce ne sont pas de simples paroles et il ne s'agit pas uniquement de prendre de bonnes habitudes. C'est le moyen d'obtenir la grâce et il est impossible d'y arriver autrement. Il nous faut développer cette discipline et cette habitude. Ne cédez pas au découragement du fait que nous parlons de gens qui ont accompli des efforts tellement extraordinaires. Il nous semble inimaginable de passer huit ans dans une hutte à répéter un mantra ou de lire un livre cent huit fois, vingt heures par jour. Cependant, selon nos capacités, nous devrions faire ce que nous pouvons.

Abraham Lincoln, un exemple de persévérance

Il y a dans l'histoire des Etats-Unis un homme qui a connu énormément d'échecs. Il compte probablement parmi ceux qui ont subi le plus d'échecs dans leur vie. Mais vous serez surpris d'apprendre de qui il s'agit : c'est Abraham Lincoln. Il est considéré comme un des grands personnages de l'histoire des Etats-Unis. Je vais simplement vous lire une chronologie de sa vie pour vous montrer ce par quoi il a dû passer. J'espère que cela ne va pas vous ennuyer. J'ai trouvé cela très intéressant parce qu'il était réputé pour sa persévérance. Et si un être ordinaire peut se montrer aussi persévérant et réussir, n'importe qui en est capable. Voilà la chronologie de sa vie.

En 1816, sa famille a été expulsée de la maison où ils vivaient, il a dû travailler pour les faire vivre. En 1818, sa mère est décédée. En 1831, il a fait faillite. En 1832, il s'est présenté aux élections régionales et il a perdu. En 1832, il a aussi perdu son emploi. Il voulait étudier le droit, mais il n'a pas été accepté comme étudiant. En 1833, il a emprunté de l'argent à un ami pour fonder une affaire et à la fin de l'année, il a fait faillite. Il a passé les dix-sept années suivantes à rembourser sa dette. En 1834, il s'est de nouveau présenté aux élections parlementaires de sa région et il a été élu. En 1835, il s'est fiancé, mais sa bien-aimée est morte. En 1836, il a fait une dépression nerveuse et a passé six mois au lit. En 1838, il a essayé de devenir porte-parole du Parlement de sa région mais il a perdu. Il a essayé de devenir électeur[2] mais il n'a pas pu. Il s'est présenté aux élections du Congrès et il a perdu. Deux années plus tard, il a essayé de nouveau et il a gagné. En 1848, il s'est présenté pour être réélu au Congrès et il a perdu. Puis il a posé sa candidature pour obtenir un poste d'administrateur des terres[3] dans sa région d'origine, et il n'a pas été choisi. Il s'est présenté pour être élu sénateur et il a perdu. Il a cherché à être nommé vice-président et il a échoué, il s'est de nouveau présenté aux élections sénatoriales en 1858 et de nouveau, il a perdu. Enfin, deux ans plus tard, il a été élu Président des Etats-Unis.

C'était un être ordinaire, nourrissant des désirs et des ambitions ordinaires, mais quelle persévérance ! On pourrait dire qu'il a passé quatre-vingt-quinze pour cent de sa vie à subir des échecs, à rencontrer la frustration et à affronter des obstacles. Il n'a pas abandonné et il a obtenu la fonction suprême dans le pays. Notre but est beaucoup plus élevé. Il nous faut donc encore infiniment plus de persévérance !

La grandeur de l'humilité

Le chapitre suivant s'intitule : « l'humilité ».

> *« Un cyclone déracine des arbres énormes et détruit des immeubles entiers, mais quelle que soit sa force, il ne peut pas abîmer l'herbe. Telle est la grandeur de l'humilité. Le*

---

[2]   Un de ceux qui élisent le Président des Etats-Unis. Chaque état est doté d'un certain quota d'électeurs, proportionnellement au nombre de sa population. Ce

[3]   A l'époque, un représentant du gouvernement qui attribuait les terres et jouait le rôle d'intermédiaire dans les ventes et les achats.

fait de se prosterner devant autrui n'est pas une faiblesse. Nous devrions avoir assez de grandeur d'âme pour nous prosterner devant un simple brin d'herbe. Si quelqu'un décide de prendre un bain mais qu'il n'est pas prêt à se prosterner devant la rivière, son corps restera sale. En déclarant qu'il refuse de se prosterner devant autrui, un sadhak empêche la destruction de son ignorance. »

Amma ne parle pas seulement du fait de se prosterner physiquement, mais aussi mentalement. Il s'agit de ne pas désirer constamment dépasser l'autre en pensant : « Je suis plus grand que tout le monde. » En fait, beaucoup de gens se prosternent, mais ce n'est pas par humilité, c'est pour obtenir ce qu'ils veulent.

Fin de la cassette 17, face A

Deux saints vivaient à Tirouvannamalaï à l'époque où j'y habitais. Un couple vint un jour avec moi leur rendre visite. Nous étions assis dans la même pièce, ce couple, les deux *mahatmas* et moi.

Certains dévots venus de Madras se sont prosternés devant les deux *mahatmas* en entrant dans la pièce. Ce couple avait des idées très modernes et n'aimait pas les manières traditionnelles. Alors une fois que les dévots furent partis, ils ont demandé aux swamis :

« C'est affligeant ! Pourquoi s'abaissent-ils ainsi devant vous ? »

Les swamis ont alors demandé au mari : « Dites-moi, quand vous voulez obtenir une promotion, vous vous prosternez bien devant votre patron ? »

« Que voulez-vous dire ? Je ne me prosterne pas ainsi devant qui que ce soit. »

« Non, pas physiquement, mais quand vous voulez une promotion, vous vous prosternez devant votre patron de toutes les autres façons. Ces gens-là, eux-aussi, veulent une promotion, une promotion spirituelle. Ils ont le sentiment que nous pouvons la leur donner. Ils montrent donc leur humilité devant nous de cette manière, pour qu'elle soit vi-sible, pour exprimer le fait qu'ils sont prêts à accueillir nos instructions. »

Nous devrions nous prosterner pour obtenir une promotion spirituelle, pas pour une promotion matérielle.

> « *L'Homme proclame orgueilleusement qu'il lui suffit d'appuyer sur un bouton pour réduire le monde en cendres. Pour appuyer sur le bouton, la main doit bouger. Il ne songe pas à la Puissance qui lui permet de faire ce mouvement. L'Homme n'est même pas capable de compter les grains de sable sous ses pieds. Un tel menu fretin déclare avoir conquis le monde.*
>
> *Imaginez que quelqu'un se mette en colère contre vous sans raison. Même à ce moment-là, un sadhak devrait intérieurement se prosterner devant cette personne et comprendre qu'il s'agit d'un jeu de Dieu pour le mettre à l'épreuve. C'est alors seulement qu'il pourra affirmer qu'il a retiré les bienfaits de sa méditation. Mes enfants, même pendant qu'on abat un arbre, il donne encore de l'ombre aux bûcherons. Un chercheur spirituel devrait être ainsi. Seul celui qui prie pour ceux qui le tourmentent peut devenir un être spirituel. »*

Tout le monde, y compris les êtres les plus méchants, a le sentiment de sa propre grandeur. Cela s'appelle *abhimanam*, la vanité. Mais si vous regardez autour de vous, vous vous rendez compte que vous n'êtes rien. A tout instant, il peut vous arriver n'importe quoi. Votre cœur cesse de battre et c'est fini : avec toute votre grandeur, vous n'êtes plus qu'un cadavre. La mort seule est vraiment puissante en ce monde. Personne ne lui résiste. Tout ceux qui proclamaient en être capables sont partis. Mais personne n'est grand ; ce n'est qu'une idée fausse.

L'orgueil naît de l'ignorance, c'est ce que dit Amma. Nous ne réfléchissons pas ; nous ne voyons pas la réalité, alors nous devenons orgueilleux. Et cet orgueil nous sépare de notre Soi réel, de Dieu. Nous disposons d'une certaine énergie, d'une certaine intelligence, nous en avons une petite réserve, mais elle peut s'épuiser en un instant. Comprenons que le peu d'intelligence et de force dont nous disposons ne nous appartiennent pas : elles appartiennent à Dieu. C'est ce que veut dire Amma : la puissance qui fait mouvoir notre main ne nous appartient pas : elle appartient à la Source.

L'histoire de la Kenopanishad

Il y a dans les Upanishads une histoire qui illustre ce propos. C'est une histoire très célèbre qui se trouve dans la Kenopanishad. *Keno* signifie : « A qui ? » A qui appartient toute chose ?

Les dieux et les démons se livrèrent une grande bataille ; vainqueurs, les dieux devinrent très vaniteux, s'imaginant que la gloire et la puissance leur appartenaient. Mais Dieu n'aime pas que ses dévots soient orgueilleux et l'Etre sans forme prit une forme et alla chez les dieux.

Ils remarquèrent cet être étrange et Agni fut désigné pour aller voir qui c'était. Il demanda : « Qui es-tu ? » sans même dire : « Pardon, bonjour », simplement : « Qui es-tu ? »

Alors cet être a demandé : « Qui es-tu, toi ? »

Agni a déclaré : « Je suis le dieu du feu. »

« Ah ! Es-tu puissant ? »

« Si je suis puissant ? Je peux brûler le monde entier. Je peux brûler tout l'univers sans aucun effort. »

« Ah, très bien ! Peux-tu brûler ce brin de paille ? » et il a placé un fétu de paille devant Agni. Agni a bondi dessus, brûlant de toute sa puissance, à une température de millions de degré, comme dans une étoile. Mais la paille est demeurée là, fraîche comme une rose. Il ne lui est rien arrivé. Agni s'est senti un peu humilié. Imaginez un peu : il n'arrivait même pas à faire brûler un fétu de paille !

Il est donc revenu tête basse et à déclaré aux autres dieux : « Je ne sais pas qui c'est, mais je n'ai pas pu brûler son fétu de paille. » Il ont décidé alors d'envoyer Vayou, le dieu du vent. Celui-ci est donc parti pour découvrir qui était cet Etre.

« Qui es-tu ? » a-t-il demandé.

« Nous verrons plus tard. Et toi, qui es-tu ? »

« Je suis le dieu du vent. »

« Es-tu puissant ? »

« Si je suis puissant ? N'as-tu donc jamais entendu parler de moi ? Rien ne me résiste. Mon souffle emporte tous les objets de cet univers ; les cyclones, les tornades, les ouragans, tout cela n'est qu'un petit souffle qui sort de mes narines. »

« Oh, très bien. Voici un brin de paille ; balaye-le de ton souffle et je te croirai. »

Vayou s'est précipité dessus. Il s'est mis à souffler de toutes ses forces, c'était un ouragan qui rugissait à quatre cent kilomètres à l'heure. Mais le brin de paille ne bougeait pas. Très contrarié, le dieu du vent a fait demi-tour et il a dit aux autres dieux : « Je ne sais pas qui c'est. » Indra, le roi des dieux, voyant ce qui se passait, a eu l'idée qu'il pouvait s'agir de Dieu. Qui d'autre cela aurait-il pu être ? L'état d'esprit d'Indra était différent. Il était humble. Voyez-vous, Dieu ne regarde pas ce qui se passe à l'extérieur. On peut très bien se prosterner devant Dieu et être intérieurement plein d'orgueil. En revanche, même si vous ne faites rien extérieurement, si à l'intérieur vous êtes humble, Dieu le sait aussitôt.

C'est ce qu'Il recherche. Indra possédait cette humilité. Il s'est dit : « Hum, ce doit être Dieu. »

Indra est donc lui aussi parti à la rencontre de cet Etre, mais avant qu'il arrive sur les lieux, ce dernier avait disparu. Et à sa place, devinez qui était là ? La Mère divine, la déesse de la sagesse. C'était Sarasvati. Indra s'est prosterné devant elle et lui a demandé : « Mère, qui était-ce ? » Elle a répondu : « C'était *Brahman*, l'Etre Absolu, dont vous dérivez tout votre pouvoir. Ne croyez pas que ce pouvoir vienne de vous-mêmes. » Telle est donc la leçon qu'ils ont apprise. C'est ce qu'Amma dit : par nous-mêmes, nous ne sommes rien, nous ne sommes personne. Le peu de pouvoir dont nous disposons nous vient de Dieu.

La familiarité avec les saints engendre le mépris

Il nous arrive parfois, par orgueil, de croire que nous sommes plus grands que le *guru* ou qu'un saint. Bien des gens viennent voir Amma, deviennent familiers avec elle et se mettent à la regarder d'un oeil critique, au lieu de la regarder avec amour et respect, dévotion et foi. Ils se mettent à critiquer. « Oh, si Amma est divine, pourquoi agit-elle ainsi ? Pourquoi dit-elle ce genre de choses ? Elle est divine, alors elle ne devrait pas manger, elle ne devrait pas dormir, elle ne devrait pas respirer. Elle devrait marcher sans toucher le sol, en flottant au-dessus. » Voilà le genre de pensées qu'ils entretiennent.

Leur amour et leur dévotion s'évanouissent et ces doutes, ces critiques apparaissent. D'où viennent-ils ? Ils sont engendrés par l'orgueil et le mental critique, qui les détournent de leur voie. Mais Amma ne se met pas en colère pour cela. Elle réussit par un moyen ou un autre à ramener le dévot sur le chemin, afin que sa foi soit parfaitement établie, qu'il obtienne une dévotion totale et en conséquence, la grâce.

L'histoire de Garouda et de Kakabhoushoundi

Il y a une belle histoire qui raconte les mésaventures de deux dévots. Elle est tirée du Tulsi Ramayana, mais la leçon est valable pour nous, il suffit de remplacer le nom de Rama par celui d'Amma.

Pendant la guerre, alors que Rama luttait contre Ravana, le fils de ce dernier, Indrajit, a décoché deux flèches, une contre Rama, une contre Lakshmana, le frère de Rama. Ces flèches se sont transformées en serpents. On les nomme *nagapasa* et elles sont devenues des serpents en forme de cordes, qui se sont enroulés autour de Rama et de Lakshmana. Les deux frères ont perdu conscience, ils étaient allongés immobiles, comme deux cadavres.

Garouda, le véhicule du dieu Vishnou, est un aigle. Quand il a vu ce qui se passait, il s'est dit : « Comment ? Rama est un *avatar*, il est l'incarnation du dieu Vishnou, mon Seigneur, et le voilà allongé là, aussi mort qu'un vieux bout de bois. Je ne comprends pas. Peut-être n'est-il pas Dieu ; peut-être me suis-je trompé. Pendant toutes ces années je l'ai transporté où il voulait, et voilà que je suis plus puissant que lui : ces *nagas* n'auraient rien pu me faire, à moi, je les aurais mangés. » Voyez comment le mental fonctionne.

Alors que s'est-il passé ensuite ? Rama est revenu à la vie et tout est rentré dans l'ordre. Mais à cause de cette pensée, Garouda est devenu de plus en plus confus et agité ; tout allait de travers dans sa vie et finalement, sans comprendre ce qui se passait, il était très malheureux.

C'est ainsi que fonctionne le mental. Il suffit d'une pensée erronée, une pensée vraiment fausse, que vous oubliez ensuite. Mais c'est assez pour vous faire dévaler la pente et vous voilà ballotté par-ci, par-là. Vous êtes très malheureux mais vous n'avez aucune idée de l'origine de tout cela. Certains déclarent : « Je suis si triste. Je ne sais même pas pourquoi. Tout paraît aller bien, mais je suis malheureux. » La cause, c'est peut-être une pensée négative que nous n'avons pas rattrapée au bon moment. Elle s'est mise à avoir des répercussions ; elle a fait descendre notre conscience d'un niveau et nous a rendus malheureux. Mais si nous avons la grâce de Dieu, la grâce du *guru*, nous finirons par découvrir notre erreur.

Garouda ne trouvait pas. Alors qu'a-t-il fait ? Il est allé voir Shiva. Comme Garouda est un oiseau divin, il peut aller où il veut. Il est donc allé voir le dieu Shiva et lui a dit : « Je ne sais pas ce que j'ai ; je suis dans une grande confusion. »

Shiva a répondu : « Je peux te dire ce qui ne va pas. Tu as fait l'erreur de penser que Rama était une personne ordinaire et que tu étais un être puissant. Je sais comment tu peux sortir de cette confusion. Va voir un oiseau qui vit dans l'Himalaya et qui s'appelle Kakabhoushoundi. Avec son aide, tout redeviendra clair pour toi. »

Garouda est un grand aigle, l'oiseau le plus puissant de la création, et il s'agit pour lui de descendre de son piédestal parce que Kakabhoushoundi n'est qu'un petit corbeau. Il lui faut donc maintenant se montrer humble et aller voir ce corbeau.

Il va donc dans l'Himalaya, il trouve Kakabhoushoundi qui se lève et lui dit : « Ô, Votre Majesté, je vous en prie, venez vous asseoir sur le trône. » Puis il vénère Garouda. Bien sûr, c'est son *dharma* n'est-ce pas ? Garouda est le roi des oiseaux. Garouda dit :

« Voilà, j'ai ce problème. Shiva m'a dit que tu pouvais le résoudre. Dis-moi ce que je dois faire. »

Le corbeau a répondu : « Eh bien voyez-vous, j'ai eu le même problème. »

« Vraiment ? Il t'est arrivé la même chose ? »

« Au cours de chaque cycle de la création, Rama s'incarne en ce monde et je vais le voir quand il est encore enfant. J'aime voir les *balas lilas*, les facéties auxquelles il se livre enfant. Je suis très, très vieux. Je fais cela depuis des milliards d'années et la dernière fois, j'ai eu un gros problème. »

Garouda a dit : « Vraiment ? Qu'est-il arrivé ? »

Kakabhoushoundi a dit : « Eh bien, j'étais à la cour et je voletais, je regardais le petit Rama et je le becquetais. Il dansait comme un petit bébé et il s'est mis à pleurer. Il a essayé de m'attraper avec ses petites mains, il a arraché quelques-unes de mes plumes, puis il s'est mis à crier en appelant sa mère. Et j'ai pensé : « Que se passe-t-il ? Est-ce bien le Seigneur de l'univers ? C'est lui qui se comporte d'une manière aussi stupide ? Est-ce vraiment le Seigneur Vishnou ? » Et dès que j'ai eu cette pensée, tous mes ennuis ont commencé. Il m'a attrapé, il m'a mis dans sa bouche et m'a avalé. »

Et qu'est-il arrivé ? Je vais vous lire ce qui est arrivé.

« Il me sembla que j'errais pendant cent cycles de création à travers tous les univers. Enfin, après tous mes voyages, je suis arrivé à mon ermitage et j'y suis resté quelque temps. Puis, apprenant la naissance de mon Seigneur à Ayodhya, je me suis précipité, submergé par un élan d'amour, et je suis allé assister au festival grandiose de la naissance de Rama, comme je vous l'ai déjà dit.

Il est à peine nécessaire de mentionner que tout cela s'est déroulé à l'intérieur du ventre de mon Seigneur. Ainsi, dans le ventre de Rama, j'ai contemplé un grand nombre d'univers. Mais ce que j'ai vu est indescriptible, au delà des mots, il faut le voir de ses propres yeux. Là, j'ai vu le divin Sri Rama, le Seigneur de *maya*. Je réfléchis, mais ma conscience était voilée par les brumes de l'illusion. En moins d'une heure, j'avais tout vu. »

Il lui a semblé qu'il était resté dans le ventre de Rama pendant des centaines d'années, à contempler tous ces univers, mais en réalité, cela n'avait duré qu'une heure.

« Mon âme était complètement désorientée, j'étais perdu dans un labyrinthe. Voyant ma détresse, le Seigneur, bien-veillant, rit et à l'instant où il rit, je sortis de sa bouche.

Rama recommença les mêmes jeux d'enfants avec moi et j'ai eu beau me raisonner de toutes les manières possibles, je ne n'avais plus aucune paix intérieure. Voyant ce jeu d'enfant et me rappelant la gloire que je venais de contempler à l'intérieur de son ventre, je perdis conscience en criant : « Sauve-moi, sauve-moi, O Rama ! » Je m'effondrai sur le sol et pas un mot ne sortit plus de ma bouche. Le Seigneur, me voyant submergé d'amour et d'humilité, contrôla aussitôt le pouvoir de sa *maya*.

Le Seigneur, si miséricordieux envers les affligés, posa sa main de lotus sur ma tête et me délivra de tous mes chagrins. Le bienveillant Sri Rama me libéra de mon erreur profonde. Contemplant sa gloire, je fus inondé de joie. Voyant la bonté aimante du Seigneur pour ses dévots, mon cœur se mit à palpiter d'amour. Les yeux pleins de larmes, les mains jointes, tous les poils du corps hérissés, je le suppliai de bien des manières. Entendant mes paroles pleines d'amour, voyant la condition misérable de son serviteur, Sri Rama prononça des paroles douces et plaisantes mais aussi profondes.

« Ô Kakaboushoundhi, demande-moi une faveur, car sache que je suis très satisfait de toi. Je suis prêt à te donner ce que tu demanderas, que ce soient les pouvoirs mystiques, une richesse fabuleuse, la libération (source de toute joie) ou bien la sagesse spirituelle, le jugement critique, le déta-chement, la réalisation et de nombreuses autres vertus qu'il n'est pas facile aujourd'hui d'atteindre en ce monde, même pour les sages. »

Il avait souffert à l'intérieur du ventre de Rama pendant longtemps, mais cela ne suffisait pas, il avait été humilié et voilà qu'on le tentait. « Je te donnerai tout ce que tu veux. » Que demanderiez-vous ? Réfléchissez-y.

« En entendant les paroles du Seigneur, je fus submergé d'amour et j'ai intérieurement raisonné ainsi: « Il est vrai que le Seigneur a promis de m'accorder toutes sortes de bénédictions, mais il n'a pas offert de me donner la dévotion pour ses pieds. Sans dévotion, toutes les vertus et les bénédictions sont pareilles à de nombreux plats insipides. Sans dévotion, à quoi sert une faveur quelle qu'elle soit ? »

Ayant réfléchi, j'ai répondu : « O Seigneur, si ton bon plaisir est de m'accorder une faveur et si tu te montres gentil et affectueux envers moi, alors je te demande la faveur que je chéris, Ô Maître, car tu es généreux et tu connais les secrets des cœurs. O Sri Rama, Arbre de paradis pour tes dévots, ami de celui qui t'implore, Océan de compassion, demeure de béatitude, dans ta miséricorde, accorde-moi une dévotion pure et incessante envers tes pieds, telle qu'elle est célébrée dans les Védas et dans les Pouranas, cette dévotion que les sages et les grands yogis recherchent mais que si peu atteignent ; s'ils y parviennent, c'est par la grâce de Dieu. »

« Qu'il en soit ainsi, dit Rama. Ecoute, Kakabhoushoudi, ton jugement est sain et il n'est donc pas étonnant que tu désires cette faveur. Personne au monde n'est aussi bienheureux que toi, puisque tu as demandé la dévotion, source de toutes les bénédictions, cette dévotion que les sages eux-mêmes, en dépit de tous leurs efforts, ne peuvent obtenir bien qu'ils consument leur corps dans le feu de la prière et de la méditation. Je suis très satisfait du discernement dont tu as fait preuve en demandant la dévotion, si chère à mon cœur. Ecoute, par ma grâce, toutes les vertus résideront en ton cœur : la dévotion, la sagesse spirituelle, la réalisation, le détachement, le yoga, mes exploits et leurs secrets ; par ma grâce, tu verras clairement tout cela, sans être contraint de subir les rigueurs d'une *sadhana*. »

Vous voyez, si vous obtenez la dévotion, vous n'avez même pas besoin de faire de *sadhana* ! Voyons comment seront les *bhajans* ce soir !

« Plus aucune des erreurs dues à *maya* ne voilera ta vision. Tout cela était *maya*, tous ces problèmes ; mais avec la dévotion, *maya* n'existe plus. Sache donc que je suis Un avec Brahman, l'Etre suprême, sans commencement, sans naissance, sans attributs et pourtant source de vertus divines et transcendantes. Ecoute, Kakabhoushoundi, les dévots me sont toujours chers. Comprends cela et chéris la dévotion inaltérable envers mes pieds en pensée, en paroles et en actes. »

N'oubliez pas, il s'agit ici de Rama mais nous pourrions remplacer Rama par Amma.

« Ecoute maintenant cet enseignement sacré : non seulement il est vrai et facile à comprendre, mais les Védas s'en sont fait l'écho. Je te donne ma propre conclusion ; écoute et grave cela profondément dans ton esprit. Ceci est très important.

Ce monde et la diversité des êtres vivants, animés et inanimés, est une création de ma *maya*. Je les aime tous, parce que tous sont mes créatures, mais les êtres humains sont les plus chers à mon cœur. Entre tous les êtres humains, ceux qui suivent le code de conduite prescrit par les Ecritures sont mes favoris. Et parmi ceux-là, ceux qui répugnent aux plaisirs des sens me sont encore plus chers et plus que tous, les sages. De tous les sages, c'est l'être réalisé qui m'est le plus cher et plus encore mon propre dévot, qui ne dépend que de moi, qui n'a pas d'autre espoir. Je te répète la vérité : personne ne m'est aussi cher que mon dévot. La plus humble des créatures qui respire, si elle possède la dévotion, m'est aussi chère que ma propre vie. Telle est ma nature. »

Sans la foi, il ne peut pas y avoir de dévotion et seule la dévotion fait fondre le cœur de Sri Rama ; sans la grâce de Sri Rama, l'âme humaine ne peut jamais atteindre la paix, pas même en rêve. Contemple tout cela, O Garouda, cesse d'ergoter, de douter, d'être sceptique. Adore le magnifique Sri Rama, fontaine de grâce et délice de tous, océan d'innombrables vertus. Y a-t-il aucun être qui puisse sonder sa profondeur ? Je vous ai dit le peu que j'ai moi-même entendu des sages. Le Seigneur n'est conquis que par une dévotion sincère, Il est fontaine de joie et demeure de compassion. C'est pourquoi, abandonnant tout attachement à ce monde, toute vanité et fierté, adorons cet être plein de grâce. »

Om Namah shivaya

Fin de la cassette 17, face B

Amma au sujet de l'Advaïta

Histoire du chasseur qui oublia qu'il était roi

Il était une fois un monarque qui livra bataille à un autre roi. Vaincu, il s'enfuit du champ de bataille. Dans les temps anciens, si le roi perdait la guerre, il préférait parfois mourir au combat et s'élever ainsi vers des plans de conscience plus élevés. Mais il était tout à fait acceptable de quitter le lieu du combat, de se cacher, de rentrer dans la clandestinité pour revenir ensuite combattre l'ennemi. Ce roi s'enfuit donc du champ de bataille, accompagné de son premier ministre. Comme le vainqueur allait régner sur le pays, le roi emmena sa femme, qui était enceinte, et ils s'enfuirent à cheval, essayant d'échapper à l'ennemi.

Arrivés sur une hauteur, ils virent que l'autre roi les poursuivait. Le ministre partit donc dans une direction et le roi décida de laisser sa femme quelque part. Pourquoi aurait-elle dû mourir ainsi que l'héritier qu'elle portait peut-être ? Comme il chevauchait dans la forêt, il trouva une hutte où vivaient quelques chasseurs ; il y déposa sa femme et se remit en route. Les ennemis finirent par le rattraper et ce fut la fin de son histoire.

Au bout de quelque temps, la reine donna naissance à un héritier, un garçon, et la mère du chasseur s'occupa d'elle comme si elle avait été sa propre fille. Les gens très pauvres, très simples, sont parfois justement ceux qui sont dotés de nobles vertus. La soi-disant civilisation n'est pas toujours civilisée. Il arrive que les habitants des forêts soient beaucoup plus civilisés que ceux des cités. Cette femme s'occupa donc de la reine, mais celle-ci ne lui révéla jamais qui elle était et mourut après la naissance de l'enfant.

Le garçon fut donc élevé comme chasseur. Douze ans plus tard, le ministre rescapé qui vivait dans la clandestinité pensa qu'il était temps de partir à la recherche de l'héritier. Il soupçonnait que le garçon, si c'était un garçon, se trouvait caché quelque part. En outre, les sujets étaient très malheureux sous la férule des envahisseurs. Le ministre se mit à chercher secrètement, avec un petit groupe de fidèles. Ils finirent par découvrir l'enfant. Ils n'étaient pas sûrs qu'il s'agissait du prince, mais en suivant le chemin emprunté par le roi, ils arrivèrent à cette hutte et trouvèrent ce garçon qui avait exactement douze ans. Il ressemblait au roi et avait la même allure majestueuse. Le ministre parla avec la grand-mère qui lui dit : « Je ne sais pas qui est ce garçon, mais voici ce qui est arrivé : une femme est venue, qui semblait d'origine royale, son mari l'a déposée ici, et voici son enfant. »

Le ministre dit au garçon : « Tu n'es pas un chasseur, tu es un prince et ce royaume t'appartient. Mais il se trouve maintenant aux mains de l'ennemi. Tout le monde souhaite que tu reviennes. » Le prince a répondu : « Je ne suis pas prince, je suis chasseur et cela me plaît beaucoup. » Alors le premier ministre lui a parlé, en faisant appel à sa nature royale innée, à sa vaillance, à sa sympathie envers les sujets.

Dans l'Inde ancienne, le système de gouvernement était monarchique, et héréditaire. De ce fait, une certaine fierté familiale contribuait à engendrer chez le roi le désir authentique de s'occuper des sujets comme s'il s'agissait de ses propres enfants. Et pour cette raison, les sujets le considéraient comme leur père. Ce n'était pas comme les élus qui sont au pouvoir pour quelques années, quatre ou huit ans, et qui sont ensuite remplacés par d'autres. C'est un gouvernement de courte durée. Et les gens qui sont au pouvoir n'ont pas la même sincérité que ceux dont le devoir héréditaire est l'amour de leurs sujets.

De toutes façons, ce système a presque entièrement disparu ; nous n'y pouvons rien. Ce n'était pas un système idéal, mais il présentait de nombreux avantages.

Le prince, le roi potentiel, prit conscience de son devoir et décida : « Oui, je vais aller me battre. » Le premier ministre lui enseigna l'art de la guerre et rassembla les sujets. Ils combattirent et regagnèrent le royaume et tout le monde vécut ensuite heureux.

Quel est donc le sens de cette histoire ? Elle a un sens spirituel, bien sûr. Nous sommes ce jeune chasseur, parce que nous n'avons pas conscience de ce que nous sommes réellement, nous l'avons oublié. Nous sommes venus de quelque part, mais nous ne savons pas d'où. Pourtant, nous ne sommes pas seulement des chasseurs. Un chasseur est celui dont les sens sont toujours tournés vers l'extérieur et qui chasse les objets des sens pour les consommer. En réalité, nous sommes des rois : rois de quel royaume ? Vous en avez peut-être entendu parler, il s'agit du royaume de l'*atman*, du royaume du Soi. Il nous faut en prendre conscience, mais cela ne suffit pas. Le garçon de l'histoire, une fois qu'il a su qu'il était prince, a dû apprendre à combattre ; il lui a fallu acquérir la force et les aptitudes nécessaires pour reconquérir le royaume.

Telle est donc notre situation. Nous entendons dire que nous sommes l'*atman*, et non le corps périssable ; nous sommes l'existence immortelle, l'âme. Mais cela ne suffit pas. Il nous faut encore acquérir les talents nécessaires pour lutter contre les ennemis qui possèdent le royaume. Quels sont ces ennemis ? Les six ennemis intérieurs. Nos ennemis ne se trouvent pas à l'extérieur ; ils sont en nous : la colère, l'avidité, le désir, la vanité, la jalousie et l'envie. Ce sont les six principaux ennemis qui nous dérobent le royaume du Soi et font de nous de pauvres chasseurs dans la forêt des objets des sens.

L'auteur de « Omkara Divya Porule»

La plupart des gens pensent qu'Amma n'enseigne pas tout cela : la réalisation du Soi, la voie de la Connaissance, « Tu es Brahman », mais en fait elle en parle. Cet aspect de son enseignement se trouve dans quelques uns de ses chants. Savez-vous lesquels ? « *Omkara Divya Porule* ». Ce sont les paroles et les pensées d'Amma, mais elles ont été écrites sous forme de poème par swami Touryamritananda. Tout le monde l'appelait Pouja Ounni. Il fut la première personne à venir vivre auprès d'Amma. Il était déjà renonçant à l'époque. Il n'avait pas vingt ans, mais il ne voulait pas d'une vie dans le monde. Il errait, sans savoir où il allait et il s'est trouvé à venir dans le village d'Amma. Il a entendu dire qu'il s'y passait quelque chose de divin. Il est allé voir Amma et elle lui a donné tant d'affection qu'il en a été submergé. Il a découvert qu'il ne pouvait pas quitter ce lieu et il n'est jamais reparti.

Il n'y avait personne à ce moment-là pour exécuter la *puja* quotidienne dans le petit sanctuaire familial qui se trouve sur la propriété qui est maintenant devenue l'ashram d'Amma. Il a donc appris comment faire une *puja* et chaque jour il récitait les Mille Noms de la Mère divine. Il exécutait la *puja* religieusement, sans jamais manquer un seul jour, et il a continué pendant des années. Au bout de quelques années, il s'est mis à écrire des chants, une poésie très belle et très profonde. Il est l'auteur d'un grand nombre des chants en malayalam que vous entendez sur les cassettes d'Amma. Il n'en a pas composé la musique, il n'est pas musicien, mais il en a écrit les paroles. Naturellement, il est plus porté vers l'advaïta, la philosophie qui déclare : « Tu es Brahman, l'Atman, la Réalité et non le corps. » Beaucoup de ses chants parlent de cette vision, de cette conception. Amma dit qu'il n'avait pratiquement aucune éducation, mais qu'en vénérant Dévi chaque jour et en récitant les Mille Noms sans faute quotidiennement, un talent poétique est né en lui.

On appelle cela *nishta* ; cela désigne le fait d'être établi dans quelque chose. Il peut s'agir de n'importe quoi, mais nous parlons de *nishta* spirituel. On peut devenir *japa nishta,* ce qui signifie que l'on fait constamment son *japa.* Ou bien on peut être *dhyana nishta,* c'est-à-dire une personne qui médite constamment, ou encore *bhajan nishta,* quelqu'un qui chante constamment des *bhajans.* Il faut qu'il s'agisse d'une pratique spirituelle pour pouvoir en récolter le fruit. Impossible d'être un *nishta* dormant ou un *nishta* mangeant ou un *nishta* d'affaires. Ce genre de *nishta* n'est pas un problème. Mais si vous désirez retirer un bénéfice spirituel de *nishta,* il faut qu'il s'agisse d'une pratique spirituelle. Ounni avait donc ce *nishta.*

C'est un des secrets de la vie spirituelle, que les livres ne nous enseignent pas. Il faut le découvrir grâce à la pratique et c'est par la répétition de l'action que l'on progresse spirituellement. Il n'est pas nécessaire de posséder un degré élevé de compréhension pour atteindre un niveau élevé de spiritualité. La persévérance et l'assiduité dans la pratique, voilà ce qui est nécessaire. Il possédait donc ce *nishta* ; il a enregistré les paroles d'Amma, il a fait usage de ses talents poétiques et c'est ainsi qu'est née la série des « *Omkara divya porule* ». On pourrait écrire un gros livre de commentaires au sujet de « *Omkara divya porule* ». Généralement, nous entendons Amma parler de dévotion (*bhakti*), de *japa,* des larmes versées pour Dieu, des chants appelant Dieu. « *Omkara divya porule* » traite d'un sujet différent, essen-tiellement de l'*advaïta.*

Pourquoi l' advaïta existe-t-il encore aujourd'hui ?

La philosophie de l'*advaïta* est l'essence de l'antique mode de vie védique qui perdure depuis des milliers et des milliers d'années. A votre avis, pourquoi le *Sanatana Dharma*, que l'on appelle aujourd'hui l'Hindouisme, est-il encore pratiqué de nos jours ? Quelqu'un a-t-il une idée ? Tous les autres systèmes de philosophie aussi anciens ont disparu. Alors que dans celui-ci, les gens ont toujours recueilli le fruit de leurs pratiques. On les appelle des sages, des *mahatmas*. A tout moment de l'histoire, il y a toujours eu un être vivant pour témoigner de la vérité de l'*advaïta vedanta*, de la voie de la connaissance du Soi ou de la réalisation du Soi. Sinon, cette philosophie serait morte. Il n'y a aucun moyen de vérifier cette vérité : « Tu es la pure Conscience indivisible, éternelle, immortelle, infinie, » parce que ce n'est une expérience qui nous est naturelle. Nous le savons par ouï-dire. Ce n'est pas de l'hérésie, c'est du ouï-dire[4].

Certains qualifieraient cela d'hérésie, mais ce n'est pas l'avis du Védanta. Le Védanta déclare que le but de la vie est de prendre conscience que nous sommes béatitude, que nous sommes l'Océan de Béatitude et que c'est cela que nous recherchons au travers des sens et du mental. Mais comme nous cherchons à l'extérieur, nous passons à côté du trésor intérieur.

Il existe un verset en sanscrit qui énumère les maîtres de l'*advaïta*, en commençant par le premier. Et qui donc, à votre avis, fut le premier représentant de l'*advaïta* ? Eh bien ce fut Narayana, suivi de Brahma, le Créateur, l'aspect créatif de Dieu. Après Lui vinrent de grands sages : Vyasa, qui compila les Védas et écrivit le Mahabharata, le Bhagavata et les Brahmas sutras. Il a donc également composé la Bhagavad Gita, qui fait partie du Mahabharata. Son fils Suka, Suka Brahman, était un être parfait

---

[4] jeu de mots en anglais entre *hearsay* et *heresy*

dès la naissance. Il lui succéda en tant que *advaïtacharya*, ou maître d'*advaïta*. Il y en a eu beaucoup entre-temps dont nous n'avons sans doute jamais entendu parler.

Ces sages vécurent il y a des milliers d'années. Parmi ceux qui suivirent, le plus célèbre fut Adi Shankara, appelé Sankarâchârya. Les opinions varient quant à la date exacte de sa naissance, mais celle-ci remonte à plus de mille ans, au Kérala, comme Amma. Il y a eu encore beaucoup d'autres *advaïtacharya* plus proches de nous dans le temps. Le plus récent, celui qui nous est le plus accessible et que nous connaissons le mieux, c'est Amma. Elle est établie dans la conscience de Brahman, dans un état que l'on appelle le *sahaja samadhi*, c'est-à-dire de quelqu'un qui est dans un état constant de *samadhi*.

Il ne s'agit pas, comme on l'interprète souvent, d'une forme de transe, d'un état dans lequel la personne perd conscience. C'est l'une des formes du *samadhi*. Mais Amma dit toujours que le *sahaja samadhi* est le vrai *samadhi*. C'est simplement l'état dans lequel on est l'*atman*, le Soi omni-présent. Le fait que les sens fonctionnent ou que le mental pense n'a pas d'importance, parce que vous n'y êtes pas identifié. Vous savez que vous êtes semblable au ciel et que tout est en vous.

Le premier verset d'Omkara divya porule

On peut donc considérer Amma comme le plus récent des maîtres d'*advaïta*. Et pour nous, *Omkara divya porule* constitue son enseignement sur l'*advaïta*. Le premier verset dit : « Venez vite, mes enfants chéris ». Bien qu'Amma soit *Brahman*, pour elle, nous sommes tous des enfants. « Vous êtes l'essence du OM » Voilà, dès la première ligne : la vérité de l'*advaïta*. Vous êtes les enfants de Dieu, mais vous n'êtes pas seulement cela. Vous êtes l'essence du son OM. Qu'est-ce que OM ? OM, c'est *Brahman* manifesté sur le plan du son ou de la vibration. Ce qu'il y a de plus proche de la Réalité non-manifestée, c'est le son OM. C'est pourquoi il est si efficace lorsqu'il s'agit de calmer le mental : il l'élève vers cet état. Dès le départ, elle nous dit : « Vous êtes Cela ; vous êtes *Brahman* » C'est le début du chant. La suite en est un commentaire, ce sont des explications.

Un sage a dit qu'il y avait différentes sortes de *sadhaks*, de chercheurs spirituels, et que tout le monde ne pouvait pas réaliser *Brahman* en entendant l'affirmation : « Tu es *Brahman*. » C'est le moins qu'on puisse dire ! Même si Amma nous dit : « Tu es *Brahman* », cela ne va pas nous donner l'expérience d'être l'océan infini de la Conscience, parce que nous ne remplissons pas les conditions requises. Pour que la réalisation se produise au moment où le *guru* déclare : « Tu es *Brahman* », il faut avoir rempli toutes les conditions.

Il existe différentes sortes de *sadhaks*. Les uns sont comparables à de la poudre à canon, d'autres à du charbon et les derniers au bois mouillé. Les premiers, la « poudre », réalisent qu'ils sont *Brahman* dès que le *guru* dit : « Tu es *Brahman*. » Pour les deuxièmes, le « charbon », cela prend un certain temps ; il faut s'aider d'un soufflet pour faire prendre le feu mais ils finiront par s'enflammer. Le cas du bois mouillé n'est pas désespéré mais des efforts énormes sont nécessaires pour l'allumer, et même alors, il dégage beaucoup de fumée. Mais ce n'est pas impossible, ce n'est pas sans espoir. Pourquoi ? Parce que c'est du bois, même s'il contient beaucoup d'eau.

Amma nous dit : « *Vous êtes l'essence du OM* » Cette déclaration ne doit pas nous décourager. Il faut continuer à lire le texte. « *Mettant fin à toute douleur, grandissez pour devenir dignes d'amour et ne plus faire qu'un avec la syllabe sacrée OM.* » Qu'avons-nous donc ? Nous portons tous en nous de la souffrance, quelle qu'elle soit, plus ou moins grande selon les individus. Si nous n'éprouvions aucune douleur, nous serions heureux. Ce qui nous pousse à chercher le bonheur, c'est le sentiment de souffrir. Amma nous dit : « Comment mettre fin à la douleur ? En s'unissant au son OM. »

Amma ne dit pas que nous ne sommes pas unis à OM dès *maintenant*. Le chasseur et le prince ne sont pas deux personnes différentes. Le chasseur ne devient pas prince, il *l'est* déjà. De même, nous *sommes* déjà OM, nous sommes déjà l'*atman* ou *Brahman*, mais ce qui compte, c'est d'en faire l'expérience.

Alors nous devenons dignes d'amour. Un être qui réalise Dieu, même s'il ne dit pas un mot, apporte la paix à toute personne qui s'approche de lui. Sa simple présence suffit. Donc, de tels êtres sont dignes d'amour, parce que la paix est ce qu'il y a de plus cher à chacun de nous. On peut bien posséder tout ce qui existe sous le ciel, mais si le mental n'est pas en paix, à quoi cela sert-il ? Le vrai bonheur, c'est la paix intérieure. Celui qui peut nous donner la paix intérieure mérite donc notre adoration. Voilà le premier verset.

Le « je » qui est en « moi »

Le verset suivant dit : « *Chacun de vous est le « je » qui est en « moi » et je suis le « toi » qui est en chacun de vous.* » Cette parole est très cryptique et si quelqu'un pense qu'Amma n'est pas une adepte de l'*advaïta*, il lui suffira de lire ce vers pour être détrompé car il s'agit là de pur *advaïta*. « *Chacun de vous est le « je » qui est en « moi » et je suis le « toi » qui est en chacun de vous. Le sentiment d'une différence est dû à l'aveuglement de l'ignorance. En vérité, rien n'est séparé.* » Il s'agit là d'un langage très ardu pour nous mais il nous est impossible de mettre ces paroles de côté en disant : « Bon, voyons des choses plus faciles. » parce que ce sont des paroles prononcées par Amma et que nous devons nous efforcer de comprendre ce qu'elle enseigne.

L'histoire de Ribhou Maharshi et de Nigada

Voici une histoire qui peut nous aider à comprendre. Il était une fois, il y a bien longtemps de cela, un sage du nom de Ribhou Maharshi, qui faisait partie de l'école de l'*advaïta*. Il avait un disciple appelé Nigada auquel il enseigna que c'est le même « je » qui est en toi, qui est en moi et qui est en chacun de nous. C'est seulement la personnalité et le corps, en d'autres termes tout ce qui a été adjoint au « je », qui constituent la différence. En un certain sens, le corps de chacun est unique, bien qu'en dernière analyse, ils soient tous constitués de la même chose. Les personnalités, les *vasanas*, les tendances aussi diffèrent. Mais le sentiment « je suis » est le même en chacun, il est identique et cela, c'est le Soi. Cependant le mental, l'attention ne sont pas d'ordinaire fixés sur le Soi, mais sur notre personne, ou même sur des objets encore plus éloignés du « je », en d'autres termes, sur le monde.

Il lui a donc enseigné cette vérité : « Tu es le « je » qui demeure en chacun. » Nigada n'était cependant pas comme la poudre, il était pareil au charbon. Il fallait souffler un peu dessus pour qu'il s'enflamme. Il n'a pas pu accepter cette vérité. Ce n'est pas qu'il n'y croyait pas, mais cela n'avait pas grand sens pour lui. Il préférait pratiquer le *japa* et faire des *pujas*, il décida donc de partir, bien entendu avec la bénédiction du *guru,* et s'installa quelque part pour faire ses rituels, chanter ses *bhajans,* etc. Il n'y a rien de mal à cela, la plupart d'entre nous en sont à ce stade. Mais aucun *guru* ne nous y laissera éternellement. Un *guru* authentique nous élève jusqu'à l'état suprême. C'est son rôle. Votre but n'est pas de rester un être ordinaire jusqu'à la fin de vos jours, c'est d'obtenir la béatitude, et cela n'est possible que par l'union avec le *guru*.

Ribhu garda toujours un oeil sur Nigada, tout en sachant que celui-ci était plus enclin aux rituels. Le *guru* sait quand le disciple est mûr, il n'a pas besoin pour cela que le disciple soit physiquement près de lui.

Je suis bien souvent stupéfait d'entendre Amma parler de dévots ou de disciples qui se trouvent bien loin. Elle dit par exemple ce qui se passe dans leur esprit et ce qu'ils ressentent. Alors on se demande qui est Amma. Elle n'est certainement pas la personne assise là devant vous. Elle doit être le témoin qui se trouve en chacun de nous pour être ainsi capable de connaître l'état intérieur d'une personne qui se trouve à des milliers de kilomètres.

Ribhu songea : « Bon, Nigada a fait assez de *sadhana* maintenant, il est prêt pour l'état de non-dualité. » Ribhu alla donc au village où vivait Nigada. Il se déguisa en villageois. Or, ce jour-là, le cortège royal traversait le village et les villageois se pressaient pour voir le roi, monté sur un éléphant. Ribhu se posta près de son disciple et lui demanda : « Qu'est-ce qui se passe ? » Nigada le regarda sans le reconnaître et répondit : « Tu ne vois pas ? C'est le roi qui arrive. » « Ah oui ! Lequel est le roi ? » « Comment ? C'est celui qui monte l'éléphant. » « Oh oui ! Lequel des deux est l'éléphant ? » Nigada s'exclama : « Es-tu idiot ? L'éléphant est dessous et le roi est dessus. » Ribhu regarda un moment la scène puis il dit : « Ah, oui ! Je comprends, l'éléphant est dessous et le roi est dessus. Mais qu'est-ce que « dessus » et « dessous » ? »

Nigada en avait vraiment assez. Il était arrivé aux limites de sa patience et cria : « Mais quel genre de type es-tu ? Mets-toi à quatre pattes. » Le *guru* se mit par terre.

Vous savez ce que dit Amma : même si cela implique la défaite du *guru*, si le disciple gagne, pas de problème. Le *guru* se mit donc à quatre pattes et Nigada s'assit sur lui. « Est-ce que tu comprends, maintenant ? Je suis le roi, tu es l'éléphant. » Alors le *guru* dit : « Ah, oui, oui. C'est clair maintenant. Je suis l'éléphant et tu es le roi. Encore une question, s'il te plaît. » « Oui ? Que veux-tu donc savoir ? » « Qu'entends-tu par « je » et par « tu » ? »

A ce moment-là, il se trouva confronté au problème de la différence entre « je » et « tu ». Le « je » est « je » en effet pour chacun d'entre nous et donc nous avons tous le même « je ». Comment alors expliquer la différence entre les deux ? Qui est « je » et qui est « tu » ?

A l'instant même, il réalisa Brahman, le « je » qui est partout et en chacun. Voilà ce qu'Amma veut dire :

> « *Chacun de vous est le « je » qui est en « moi » et je suis le « toi » qui est en chacun de vous. Le sentiment d'une différence est dû à l'aveuglement de l'ignorance. En vérité, rien n'est séparé.* »

Alors pourquoi avons-nous le sentiment que chacun est différent, que vous êtes différents, que je suis différent, que tout est différent ? Amma dit que c'est dû à l'ignorance. Il existe une force appelée ignorance, *ajñana* en sanscrit, qui nous empêche de prendre conscience de l'unité essentielle de toutes choses. Elle porte aussi le nom de *maya*. Du point de vue de l'individu, c'est *ajñana*, du point de vue universel, cette illusion est appelée *maya*. C'est ce qui nous fait songer que chacun est différent et nous empêche de voir la réalité fondamentale, la trame, le support de toutes les différences.

Voir la même pâte dans chaque biscuit

Il était une fois une famille comprenant la mère, le père et quatre ou cinq enfants. Un jour, ils allèrent au cirque. A l'entrée du chapiteau, il y avait un stand où l'on vendait des biscuits. Quel genre de biscuits vend-on dans un cirque ? Des biscuits en forme d'animaux. Dès que les enfants les ont vus, ils en ont réclamé : « Papa, papa, on en veut. » Alors le père en a acheté tout un sac qu'il a donné aux enfants. Mais au moment d'entrer dans le cirque, ils commencèrent à se chamailler. Un des garçons tira un biscuit du sac, c'était un tigre, tandis que le deuxième tira un daim. Le premier dit : « Mon biscuit va dévorer le tien. » Le troisième avait un biscuit en forme de faucon et celui du quatrième représentait une colombe. « Mon biscuit va déchiqueter le tien en mor-ceaux. » Les deux garçons qui avaient des biscuits à l'image de prédateurs malmenaient les autres. C'étaient des cris, des pleurs et des dis-putes, rien n'allait plus.

Mais le père ne baissa pas les bras : ils n'étaient même pas encore entrés pour voir les vrais animaux. « Ça suffit. Mettez-vous en rang. » Ils se sont tous mis en rang. « Montrez vos biscuits. » Chacun montra le sien. « Bien. Maintenant mangez-les. » Ils les mangèrent et se rendirent compte qu'ils avaient tous le même goût. Seule la forme différait, le goût était le même. Alors ils furent tous satisfaits et il n'y eut plus de disputes. La paix régna, *shanti*. C'est parce qu'ils accordaient trop d'attention à la forme qu'ils passaient à côté de l'essence du biscuit, du goût sucré. C'est ce que dit Amma. Nous faisons attention à des choses superficielles et man-quons ainsi l'essence, qui est la même en chacun.

Om Namah Shivaya.

Fin de la cassette 18, face A

Le Soi est Béatitude

« Trouvez le contentement en vous baignant dans le lac du Soi. Afin de goûter la béatitude immortelle, efforcez-vous tout d'abord d'atteindre le Soi. »

Amma souligne ici que le contentement, le bonheur réel, ne se trouve que dans l'*atma* et nulle part ailleurs. Comme nous le savons tous, du moment de notre naissance jusqu'à celui où nous quittons le corps, nous ne sommes préoccupés que par une seule chose : la recherche du bonheur. La mère est la première source de bonheur pour l'enfant, viennent ensuite les jouets, les jeux et les autres membres de la famille, puis, à l'âge adulte nos amis, l'école, la carrière, le mariage et le fait d'élever des enfants deviennent autant de centres d'intérêt. Quand nous sommes vieux, ce sont nos petits enfants et les souvenirs du passé qui nous rendent heureux. Nous finissons par quitter le corps et continuons notre voyage, errant toujours en quête du bonheur. Cette quête est un besoin incontrôlable, qui nous pousse sans cesse à faire une chose ou l'autre en ce monde.

La plupart du temps, les enfants sont heureux. Pourquoi ? Parce que sans qu'ils en aient conscience, leur esprit est plongé dans le Soi plus que dans le monde ! Leur intellect n'est pas très développé, ils ne reconnaissent donc pas cette expérience. Avant que leurs habitudes et leurs désirs prennent forme et se durcissent, avant que le monde ne devienne pour eux une réalité, le bonheur et la béatitude sont leur état naturel. Ils sont heureux dans leur propre Soi. Le problème, c'est que leur intellect, le mental, n'est pas développé et qu'ils n'ont donc pas idée de la dimension spirituelle. Ils n'ont pas non plus le désir de réaliser quoi que ce soit en dehors de ce qui les occupe dans l'instant.

Le sommeil contient des indices
concernant la béatitude du Soi

Les seuls moments où nous faisons l'expérience du bonheur, c'est quand le mental est tranquille, soit parce que nous venons juste de satisfaire un désir soit parce que nous dormons. Le sommeil nous donne un indice très important pour comprendre les paroles d'Amma. Elle dit que le vrai bonheur ne se trouve que dans le Soi. Et où donc est le Soi ? Il ne se trouve nulle part ailleurs qu'en nous-mêmes, il s'agit de notre propre Soi. Quand le mental cesse de vagabonder vers les objets extérieurs pour plonger en lui-même, nous faisons l'expérience du bonheur. C'est ce qui se produit pendant le sommeil. Notre attention, notre conscience, se détourne de l'extérieur pour se fondre dans le Soi et alors nous sommes heureux.

Avez-vous remarqué ce qui se produit le matin quand vous vous réveillez et que vous n'avez pas besoin de vous lever immédiatement ? Il arrive que vous vous rendormiez. Pourquoi ? Parce que dans le sommeil, vous étiez heureux. Le sommeil est un état de félicité incomparable. Même si l'on connaît un grand bonheur en ce monde, il arrive toujours un point où l'on se dit : « Finissons-en, allons dormir ! », parce que la béatitude du sommeil surpasse toutes les autres. Vous êtes bien d'accord, n'est-ce pas ?

Cela nous donne un indice pour éclairer les paroles d'Amma. Le bonheur que nous éprouvons dans le sommeil nous permet de comprendre que c'est en nous qu'il réside, dans notre Soi, et non pas à l'extérieur de nous. D'une certaine manière, l'état de sommeil est également apparenté à la mort. La plupart d'entre nous ont très peur de la mort. Même la plus légère sensation que quelque chose va mal nous contrarie profondément. Pourquoi ? Parce que nous éprouvons l'un des deux sentiments suivants, et peut-être même les deux ! L'un, c'est le sentiment que la mort signifie l'anéantissement de notre existence et nous ne pouvons rien dire à ce sujet parce qu'il n'y a aucun moyen de prouver le contraire. L'autre sentiment, c'est celui que le corps va nous quitter et que nous allons le perdre définitivement. Mais en réalité, quand vous vous endormez, que faites-vous ? Vous allez dormir pour pouvoir oublier le corps, pour ne plus avoir à vous en soucier pendant un moment. La raison pour laquelle le sommeil nous apporte tant de béatitude, c'est que le corps est alors absent de notre conscience. Le sommeil est très proche du *samadhi*. La seule différence, c'est que le *samadhi* est plein de lumière, la lumière de la conscience, et que le sommeil est rempli des ténèbres de l'ignorance, de l'ignorance spirituelle.

Dans cette errance à la recherche du contentement, nous nous épuisons. Avez-vous jamais remarqué dans quel état vous êtes en rentrant chez vous après avoir passé toute la journée dehors, dans le monde ? Quel est le mot adéquat pour décrire cet état ? Celui que tout le monde emploie et que j'utilise aussi quand je viens de sortir, c'est le mot « épuisé ». « Oh, je suis épuisé ! » Et quand vous rentrez chez vous ou à l'ashram, que ressentez-vous ? Un sentiment de fraîcheur nouvelle, un soulagement.

Cette quête du bonheur extérieur et les distractions qu'elle occasionne nous épuise et nous aspirons à nous rafraîchir dans ce qu'Amma appelle le lac du Soi, *Atma sarovara*. Personne ne veut être malheureux. Si quelqu'un désire être malheureux, cela même est dans le but d'être heureux. Si certains aiment être malheureux, c'est que cela les rend heureux. Impossible d'échapper au désir d'être heureux, tout le monde désire le bonheur permanent. Personne ne pense : « Bon, j'ai été heureux toute la journée, peu importe si je suis malheureux toute la nuit. » Non, personne ne raisonne ainsi, tout le monde veut en fait la béatitude éternelle. Amma nous dit donc que si c'est ce que nous voulons, et c'est ce que nous désirons tous, eh bien nous ne l'atteindrons qu'en nous fondant dans le Soi.

Pour nous rapprocher de ce but, veillons à ne pas nous laisser absorber trop profondément dans le « non-Soi ». C'est un effort à notre portée. Cela vous semble peut-être de la haute philosophie mais concrètement, cela implique quelques mesures pratiques. Nous pouvons simplifier notre vie quoti-dienne. A la porte d'entrée, il y a un panier où l'on dépose les dons destinés au foyer de femmes victimes d'abus sexuel. Nous ne cherchons pas tant à aider ces gens qui n'ont rien qu'à aider ceux qui ont tout. Ce sont eux qui, d'après nous, ont vraiment besoin d'aide. Une vie compliquée et une multitude d'objets, tout cela distrait le mental. Une vie simple correspond à des pensées élevées. Vous connaissez sans doute l'expression : « Le sage vit simplement » ! C'est seulement quand la vie quotidienne et les pensées sont simplifiées que le mental peut s'absorber plus profondément dans le Soi.

Simplifiez votre vie en donnant tout ce dont vous n'avez pas besoin

Chacun de nous devrait faire le tour des placards, des buffets, des tiroirs où nous mettons notre bazar, de tous les débarras comme la cave et le grenier. Faisons le tri entre ce dont nous avons vraiment besoin pour vivre et ce qui ne nous sert à rien. Beaucoup d'entre nous trouveraient sans doute de quoi remplir un camion. Il m'arrive parfois d'ouvrir les placards des gens qui me reçoivent ; je suis stupéfait du nombre incroyable de paires de chaussures, de chemises, de pantalons, de robes ou de saris que j'y vois. C'est incroyable ! Nous avons besoin de quelques tenues, c'est tout. Et beaucoup de gens en ont entre quarante et soixante, alors que beaucoup d'autres, en revanche, comme vous le savez, ne disposent que d'une seule ! Le fait est que ceux d'entre nous qui ont trop devraient s'efforcer de simplifier leur style de vie s'ils veulent progresser spirituellement. Diminuons le nombre de nos possessions.

L'histoire du sadhu qui dormait sur trois pierres

Cela me rappelle l'histoire d'un *sadhu*. Tout le monde sait ce qu'est un *sadhu* ? C'est un saint, quelqu'un qui a renoncé au monde. Ce *sadhu* vivait dans la forêt et, quand on parle de réduire ses possessions au minimum, il en était l'exemple parfait ! Il ne possédait que cinq objets. Il avait un tissu qu'il se nouait autour de la taille, un drap dont il se couvrait la nuit et trois pierres. A quoi lui servaient donc les trois pierres ? Dans la journée, il les disposait en forme de trépied et il s'asseyait dessus pour méditer et étudier, et la nuit, il se mettait une pierre sous les pieds, une sous les hanches et la troisième sous la tête. Puis il se couvrait du drap et même s'il pleuvait, pas de problème, l'eau s'écoulait sous lui, entre les pierres. Les serpents et les scorpions aussi utilisaient ce passage. Il était donc aussi confortablement installé le jour pour méditer que la nuit pour dormir.

Un jour qu'il était ainsi allongé dans la forêt, le roi, au cours d'une chasse, vint à passer près de lui. Il fut désolé de voir ce pauvre *sadhu* utiliser des pierres en guise de lit. Au retour de la chasse, il envoya des messagers l'inviter au palais. D'ordinaire, on ne refuse pas l'invitation d'un roi. Le *sadhu* était donc bien embarrassé. Il ne voulait pas vraiment s'en aller, mais il accepta, noua les trois pierres dans le drap et se rendit au palais. Quand le roi le vit entrer, il se prosterna, lui offrit un repas somptueux et l'emmena dans la chambre royale. Il y avait un magnifique lit surmonté d'un dais, au matelas épais d'un mètre, recouvert de draps de soie et pourvu de gros oreillers bien moelleux. Le roi dit : « Swamiji, j'espère que vous dormirez confortablement ici ; nous vous verrons demain matin, dormez bien. »

Le lendemain matin, le roi entra dans la chambre, se prosterna devant l'ermite et dit : « Swamiji, j'espère que la chambre a été assez confortable pour vous. » Le *sadhu* répondit : « Comment pourrais-je manquer de confort ? J'ai tout ce qu'il me faut. Où que je sois, je me trouve bien. » Le roi répondit : « Non, non, Swamiji, ce n'est pas ce que j'ai vu. Quand vous étiez dans la forêt, vous avez dû beaucoup souffrir en dormant sur ces trois pierres. Je n'ai pas pu supporter ce spectacle. Maintenant vous devez être très heureux de profiter de tout le confort, d'un bon lit, etc. » Le swami dit : « Oh, mais tout ce que j'ai là-bas, je l'ai aussi ici. » Et il lui montra les trois pierres posées sur le lit.

Bon, il n'est pas indispensable d'en arriver à ce degré de simplicité. Je n'attends de personne qu'il se débarrasse de son lit pour utiliser des pierres. Mais l'idée, c'est que nous pourrions grandement simplifier notre vie pour en arriver à ne garder que le minimum. Il faut prendre cela au sérieux. Regardez la vie d'Amma ou celle de tous les gens qui vivent à l'ashram en Inde. Ils ont le minimum et, où que nous habitions dans le monde, c'est suffisant. Nous n'avons pas besoin d'avoir plus. Dans les Ecritures qui traitent du yoga, c'est ce que l'on appelle *aparigraha*, mot à mot non-possession. Cela consiste à ne pas posséder plus que ce dont on a besoin. Il ne s'agit pas de se promener sans rien. Vous avez le droit de posséder le nécessaire, mais pas plus.

Cela permet de trouver le contentement dans le Soi et d'échapper à la distraction du mental. Comme vous l'avez sans doute observé, une seule possession peut suffire à le happer complètement. J'en sais quelque chose. Le simple fait d'avoir un seul objet peut entraîner la possession de bien d'autres, j'en ai fait l'expérience. Vous connaissez peut-être la fameuse histoire du *brahmachari* et du *kaupin*. Oui ? Eh bien cela vaut la peine de la raconter parce qu'elle illustre notre sujet.

L'histoire du brahmachari et du kaupin

Tout le monde sait ce qu'est un *brahmachari*, mais je suis sûr que certains ne savent pas ce qu'est un *kaupin* ! C'est un pagne. Vous avez peut-être vu des images de *sadhus* en Inde. Ils ne portent qu'un pagne pour tout vêtement. Il était une fois un *guru* et un *brahmachari* qui vivaient à la lisière d'un village, dans une simple hutte. Le *brahmachari* ne possédait que deux *kaupins*, et quand il prenait son bain le matin il se changeait. Il lavait celui qui était mouillé et enfilait le sec. Il faisait sécher son *kaupin* sur le toit. Le *guru* lui dit un jour : « Je ressens le besoin de partir en pèlerinage. Je rentrerai dans quelque temps. Reste là et fais ta *sadhana*. »

Le *guru* partit donc et le *brahmachari* faisait sa *sadhana* quand un jour, il s'aperçut que des rats grignotaient son *kaupin*. Il ne savait pas quoi faire. En allant mendier sa nourriture, il dit aux villageois : « Les rats se sont attaqués à mon *kaupin* et maintenant, il a des trous. Que puis-je faire ? » Ils dirent : « Pourquoi ne prends-tu pas un chat ? Un chat peut chasser les rats. » Il répondit : « C'est une bonne idée. Mais comment un *brahmachari* peut-il se procurer un chat ? » Quelqu'un lui donna un chat. Tout alla bien pendant quelque temps mais ensuite, comme les rats n'étaient pas si nombreux, le chat se mit à avoir faim. Quand il alla en ville, il dit à certains de ceux qui subvenaient à ses besoins : « J'ai ce chat et maintenant il fait du tapage à l'ashram parce qu'il n'y a pas assez de rats. Et je n'ai rien d'autre à lui donner. » Alors quelqu'un lui dit : « Pourquoi ne te procures-tu pas une vache pour nourrir le chat avec son lait ? » Quelqu'un lui fit cadeau d'une vache. Le voilà donc proprié-taire d'une vache, mais comme vous le savez, s'occuper d'une vache exige beaucoup de travail.

Un *brahmachari* n'a pas le temps de faire tout cela. Il médite, il lit les Ecritures et il fait son *japa*. Quelqu'un lui suggéra alors de prendre un serviteur pour s'occuper de la vache. C'est ce qu'il fit. Mais le serviteur était doté d'une grande famille et il fallut lui construire un logement. Le serviteur fit venir toute sa parenté et finalement la modeste hutte devint un vaste hôtel particulier où vivaient des centaines de personnes. Est-ce que cela ne vous semble pas familier ? Non pas l'histoire, mais l'expérience. Le *brahmachari*, qui au départ menait une vie très simple, se retrouva dans cette immense demeure.

Au bout de nombreuses années, le *guru* rentra de pèlerinage. Comme il ne voyait plus la hutte, il demanda aux villageois : « Quelqu'un a-t-il vu mon disciple ? » Ils répondirent : « Oh oui ! Il est là-bas à la lisière du village. Vous voyez ce vaste hôtel parti-culier qui compte une bonne centaine de pièces et qui exige une multitude de serviteurs pour l'entretenir ? C'est là que vit votre *brahmachari*. » Le *guru* y alla et cria pour appeler son disciple. Le *brahmachari* arriva, vêtu d'une robe de soie, et se prosterna devant le *guru*. Celui-ci demanda : « Que t'est-il arrivé ? » Le dis-ciple réfléchit avant de répondre : « Tout est parti de ce *kaupin* ! »

Eh bien, beaucoup d'entre nous ont eu des expériences de ce genre. Les gens déclarent : « J'ai une nouvelle relation. » Il s'ensuit des complications, l'océan du *samsara*, de la vie et de la mort, qui commence à un certain point et ne fait ensuite que s'étendre. Efforçons-nous donc de simplifier notre vie.

Il se peut que nous soyons impliqués dans l'océan du *samsara*. Amma ne dit jamais qu'il ne faut pas profiter de la vie, ni que tout le monde devrait devenir *brahmachari* ou *sannyasi*. Jouissez de la vie mais rappelez-vous que *maya* engendre toujours des complications, voilà ce qu'Elle dit. Donc, savourez la vie tout en sachant que les complications et la souffrance sont inévitables. Ne sautez pas à pieds joints dans la vie du monde en pensant avoir trouvé la clé du bonheur. Combien de fois ai-je entendu les gens dire : « Je cherche encore la personne ou la chose qui me rendrait heureux, alors que je sais qu'une telle personne, une telle chose n'existent pas. » N'est-ce pas vrai ? La personne idéale, le travail idéal, le mode de vie idéal, rien de tout cela n'existe et l'idéal n'existe pas, pour la bonne raisons que rien d'extérieur ne peut nous rendre réellement heureux. Il y aura toujours une complication. Mais profitez de la vie. Prenez du bon temps et revenez finalement vers le Soi parce que c'est là que vous trouverez le vrai bonheur.

Le but de la vie humaine est de s'absorber dans le Soi

Nous allons lire le verset suivant :

« *Plongez en vous-même pour ne plus faire qu'un avec moi et ne cherchez le bonheur que dans cette union. Pour anéantir toute souffrance et atteindre le but de votre vie, absorbez-vous dans le pur Soi. Amma est la servante des serviteurs et n'a pas de demeure qui lui soit propre. Elle réside au plus profond de votre Soi.* »

Le vrai bonheur se trouve dans le Soi. Quand toutes nos illusions au sujet du soi-disant bonheur extérieur au Soi se sont envolées, alors nous cherchons le bonheur là où il se trouve réellement : dans le Soi. Amma dit que si nous plongeons en nous-mêmes, nous ne faisons plus qu'un avec elle. Pourquoi ? Parce que la véritable Amma n'est pas celle qui vit à Vallickavou, celle qui vient aux Etats-Unis et voyage autour du monde. Amma est en réalité le Soi le plus profond de chacun d'entre nous. Si nous plongeons dans notre Soi, nous l'y trouverons. Là, toutes nos souffrances s'achèvent et nous goûtons la béatitude immortelle.

Y parvenir, c'est atteindre le but de notre vie. Le fait de naître dans un corps humain, plutôt que sous la forme d'une plante ou d'un animal, constitue le stade ultime de l'évolution. Ensuite, le seul but de la vie est de prendre conscience que la béatitude que nous cherchons se trouve dans notre propre Soi et nulle part ailleurs. Certains d'entre nous trouvent leur bonheur à être physiquement auprès d'Amma. C'est tout à fait naturel et remercions Dieu que cela arrive à tant de gens. C'est qu'elle rayonne constamment et consciemment le Soi. En sa présence, l'esprit est calme et nous goûtons sans effort le bonheur du Soi.

La souffrance mène à Dieu – Histoire de Bhartruhari

Amma dit que pour mettre fin à la souffrance il faut s'absorber dans le pur Soi. Certains se demandent pourquoi Dieu permet la souffrance ; ils pensent que, s'Il existe, Dieu doit être bien cruel pour laisser souffrir tant de gens en ce monde. Mais Amma dit que la souffrance a une fonction, ou même plusieurs. L'une d'entre elles, c'est de payer pour les actions injustes que nous accomplissons ; c'est la loi de la Nature. Quelle que soit l'image que vous présentez à un miroir, elle vous revient. Mère Nature est pareille à un miroir. Tout ce que nous faisons nous est renvoyé. Si nos actions rompent l'harmonie de la nature, alors le corps ou le mental souffre. Mais l'autre fonction de la douleur, c'est de nous réveiller du sommeil de *maya* pour réaliser le Soi ou au moins nous y efforcer.

Vous connaissez peut-être l'histoire de Bhartruhari. C'était un roi célèbre de l'Inde ancienne. Il appréciait beaucoup la spiritualité, les *sadhus* et les *mahatmas*. De nombreux saints venaient à sa cour donner des *satsangs*. C'était un chercheur sérieux, mais pas au point d'avoir complètement consacré sa vie à la quête spirituelle. Un *mahatma* lui donna un jour une mangue divine qu'il avait matérialisée grâce à son pouvoir spirituel. Il dit au roi : « Ce fruit a le pouvoir de prolonger la longévité de celui qui le mange de plusieurs centaines d'années et comme vous êtes le roi, il me semble qu'il vous revient de droit. En effet, si un roi juste vit longtemps, ses sujets, eux aussi, seront heureux. »

Bhartruhari prit donc la mangue. Il se dit : « Ce qui m'est le plus cher, c'est ma reine. » Comme vous le voyez, il n'était pas spirituel à cent pour cent, il avait encore de l'attachement pour certaines choses en ce monde. « A quoi me sert donc de vivre des centaines d'années si ma reine meurt ? Mieux vaut que ce soit la reine qui vive longtemps plutôt que moi. » Il appela donc la reine et lui donna la mangue en disant : « Si tu la manges, tu vivras des centaines d'années. »

Eh bien, savez-vous ce que la reine fit de la mangue ? Je suis désolé d'avoir à vous le dire. Figurez-vous qu'elle avait un amant. Oui, vous voyez, dans le monde entier les gens ont des amants et des maîtresses. La reine avait donc un amant, qui était le maître des étables royales. Elle le fit appeler et lui dit : « Mieux vaut que ce soit toi qui aies une longue vie, prends donc cette mangue, » et elle la lui donna.

Mais cet homme avait une autre maîtresse qui elle-même avait un autre amant si bien que la mangue passa de main en main, jusqu'à la septième personne, qui n'avait aucune idée de sa provenance. Un ami la lui avait donnée, il ne savait rien d'autre. Il songea : « Je ne suis pas quelqu'un de très bon. Si c'était le roi qui la mangeait, il vivrait longtemps et serait ainsi capable de protéger le *dharma* dans le royaume. Cela vaudrait mieux. » Il suivit le même raisonnement que le *mahatma*. Il alla donc trouver le roi et lui donna la mangue. Le roi lui demanda : « Qu'est-ce que c'est ? » « C'est une mangue divine. Si vous la mangez, vous vivrez des centaines d'années. » Inutile de dire que Bhartruhari fut un peu surpris. Il se livra à une enquête et découvrit que la reine lui était infidèle. Ce fut un choc très profond, qui le réveilla du sommeil de *maya*. Il comprit alors que Dieu seul, le Soi, est ce que nous avons de plus cher.

Il quitta alors le royaume et partit dans l'Himalaya. Il y passa le reste de sa vie, se livrant à des pratiques spirituelles, et obtint la réalisation. Il écrivit de nombreux traités sur la vie spirituelle. L'un d'eux s'intitule *vairagya satakam*, c'est-à-dire « cent vers sur le détachement ». Il avait auparavant écrit un ouvrage de cent vers qui traitait, je crois, de l'amour profane et un autre sur la politique. Mais son dernier ouvrage concernait le détachement, de la grandeur du détachement. Le souffrance a donc un but, elle nous enseigne à ne chercher le bonheur que dans le Soi, la réalisation de Dieu.

Dans la culture ancienne de l'Inde, on pratiquait la philosophie du *purushartha* ; on enseignait aux enfants que le but de la vie était *moksha*, la réalisation du Soi. Comme nous sommes des êtres humains ordinaires, remplis de désirs et d'ambitions, il nous faut passer par des stades préliminaires avant de pouvoir renoncer à tout pour nous consacrer totalement à la vie spirituelle. Il s'agissait donc de recevoir une éducation, une formation et une certaine discipline pendant la jeunesse, l'étape de la vie appelée *brahmacharya*. Puis on se mariait, on goûtait les plaisirs de la vie, la vie de famille, les enfants, on se consacrait aux affaires. Venait ensuite le temps de se livrer aux austérités (*tapas*) et aux pratiques spirituelles (*sadhana*). Cette étape porte le nom de *varna-prastha* ; le temps du renoncement absolu ne venait qu'après.

Les enfants doivent faire l'expérience du monde

Quand nous parlons de la nature irréelle du monde, de la philosophie de *jnana* (la connaissance) personne, surtout pas les adolescents, ne doit en conclure qu'il ne faut pas profiter du monde. Qu'il n'y ait pas de confusion dans votre esprit, ce n'est pas du tout ce que nous voulons dire. Jouissez des plaisirs du monde, mais comprenez aussi que le but ultime de la vie, c'est de réaliser Dieu. Si vous ne profitez pas du monde, vous n'aurez aucune idée de sa nature. Alors comment vous tournerez-vous vers le Soi, vers Dieu ? Nous n'essayons pas de décourager qui que ce soit de savourer la vie, nous essayons simplement de faire prendre conscience à tous que le vrai but, c'est Dieu !

« Rappelez-vous que ce monde est né de la magie de l'illusion, qu'il est aussi irréel que la couleur bleue du ciel ou l'eau du mirage lointain dans le désert. »

Quand nous regardons le ciel, il paraît bleu, mais en s'élevant dans l'espace, on constate qu'il n'y a pas de bleu. Avez-vous jamais traversé le désert et vu un mirage ? Par une chaude journée, vous êtes dans la voiture et vous apercevez au loin une étendue d'eau. C'est ce qu'on appelle un mirage ; il n'est pas réel. Si vous sortez de voiture pour courir vers l'eau, qu'arrivera-t-il ? Vous découvrirez un terrain sec et en plus, vous aurez soif.

Amma nous dit de ne pas oublier que telle est la nature du monde. Il paraît rempli de tout ce que nous désirons, mais c'est faux. Sinon, il nous donnerait un contentement éternel. Mais personne n'a jamais obtenu un bonheur durable de quoi que ce soit. Cela s'appelle *maya* : cela paraît réel, mais ça ne l'est pas.

Les thérapeutes peuvent nous aider jusqu'à un certain point

Est-ce que quelqu'un a l'impression que la philosophie dont nous parlons, la philosophie de *jnana*, est trop radicale ?

Quelqu'un dans la salle : « J'aimerais dire quelque chose. »

« Oui ? »

« Ce que vous dites me parle. Toute ma vie, j'ai couru après le bonheur, sans jamais l'attraper. Vous l'avez bien dit, nous le cherchons dans les relations de couple, les affaires et l'argent ! J'ai eu beaucoup de biens matériels et de relations qui m'ont accompagné un moment avant de disparaître. Jamais rien de tout cela n'a duré ! La seule chose qui persiste, c'est l'expérience intérieure. Mais la force d'attraction de *maya* est extrêmement puissante. Vous pensez que le bonheur est là, il semble être là, et il disparaît pratiquement sous vos yeux. Et vous sombrez dans le chagrin, vous vous culpabilisez et vous vous demandez ce qui est arrivé. Vous finissez par aller voir un thérapeute, qui essaye de comprendre ce qui s'est passé. »

C'est exactement ce que dit Amma. Et elle ajoute que le seul thérapeute qui peut vraiment vous guérir c'est celui qui lui-même n'a pas besoin de thérapie. Les thérapies ont leur utilité, mais quand il s'agit de résoudre le gros problème du bonheur, seul un être qui est lui-même parfaitement heureux peut nous montrer la voie. Telle est la fonction d'un *guru*, d'un maître réalisé. Personne d'autre ne peut nous guider sur le chemin, aucun livre non plus n'a ce pouvoir. On peut lire un nombre infini d'ouvrages au sujet de la réalisation ou de la spiritualité, mais cela ne nous permettra pas de trouver le Soi. Ces livres ne donnent que des indications.

Deux choses nous permettent d'atteindre le but, et les deux sont nécessaires : la compagnie d'un être réalisé et sa grâce. Sa présence nous permettra d'avancer mais sans la grâce, les obstacles persistent. Il y a encore un troisième élément : c'est la grâce du mental. Il ne suffit pas de vivre avec un *mahatma* et d'avoir sa bénédiction ; si le mental est fermé, si nous ne suivons pas son enseignement, nous ne sortirons pas du chaos de l'océan des naissances et des morts.

Comme vous venez de le dire, vous passez ainsi votre vie et vous vous retrouvez au point de départ, et ensuite ? La mort survient et à la naissance suivante, cela recommence. Alors comment en finir ? C'est un sujet très sérieux. N'attendons pas la fin de notre vie pour y réfléchir. Il faut y songer tout le temps, dès l'adolescence.

Quel est le but de la vie et pourquoi le monde tourne-t-il comme il le fait ? Pourquoi personne ne voit-il plus loin que le bout de son nez ? Menons une vie normale, mais relativisons-la en nourrissant aussi ce genre de pensées. Je suis un sujet du royaume de *maya*. Comment puis-je m'en échapper pour atteindre le royaume de Dieu ? Tel est le but de notre association avec Amma et la raison pour laquelle nous essayons d'approfondir son enseignement.

Om Namah Shivaya

Fin de la cassette 18, face B

Le monde est irréel

« Rappelez-vous que ce monde est né de la magie de l'illusion, qu'il est aussi irréel que la couleur bleue du ciel ou l'eau du mirage lointain dans le désert. »

Amma utilise l'image du mirage, Elle compare le monde à un mirage. De loin, un mirage paraît réel, mais quand on s'approche, il n'y a plus rien. C'était une illusion. De même, le monde nous paraît réel, mais il n'a pas vraiment de substance. Le bonheur que nous attendons du monde en est absent. Impossible de le trouver dans quoi que ce soit. Le bonheur se trouve à l'intérieur de nous, dans l'*atma*, dans le Soi. Quand le mental est calme, concentré, alors on fait l'expérience du bonheur. Il ne provient d'aucun objet extérieur.

Considérez le monde comme un rêve

Cette manière de voir, le fait de tout considérer comme un rêve, peut nous aider à progresser spirituellement. C'est aussi une manière très pratique de trouver la paix dans le monde plein de distractions qui nous entoure.

Cela me rappelle une expérience que j'ai eue un jour où je demeurais chez quelqu'un en compagnie d'un *sannyasi*. Il y avait également dans la maison une personne parfaite-ment... je crois

179

que le mot adéquat serait « odieuse » . Ce n'étaient que cris, hurlements et disputes, et tout était d'autant plus déplaisant que j'étais habitué à une vie de solitude, de méditation et d'étude. Je trouvais cette atmosphère agitée difficile à supporter.

Cela me rendait moi-même très agité et distrait et j'ai passé deux ou trois jours pénibles. J'avais beau me répéter : « Eh bien, c'est Dieu, Dieu sous cette forme. Pourquoi devrais-je en être aussi contrarié ? », en fait, cela ne m'aidait pas beaucoup. Alors j'ai demandé au *sannyasi* qui semblait parfaitement tranquille : « Comment parviens-tu à garder ton calme au milieu de ce vacarme ? » Il répondit : « Pourquoi accordes-tu autant de réalité à cette personne ? Elle n'est qu'un rêve. » J'y réfléchis et je me rendis compte qu'il avait raison. Plus je réagissais, plus j'y accordais d'importance, plus cela me dérangeait. Alors je décidai : « Oui, ce doit être un rêve. » Les gens disent bien : « Ma vie a passé comme un rêve. »

Si nous pouvons vivre les événements d'aujourd'hui avec le même détachement que s'ils s'étaient passé il y a trente ans, alors nous ne serons identifiés à rien. Quoi qu'il arrive, cela ne provoquera en nous aucun sentiment parce qu'il y aura une grande distance dans le temps et dans l'espace. Si nous vivons le présent avec le sentiment qu'il s'agit d'un rêve passager, nous en serons beaucoup moins affectés.

Amma nous conseille de nous rappeler que ce monde est irréel et qu'il est engendré par la magie de *maya*. Que veut-elle dire par « irréel » ? Ou bien que signifie « réel » ? Voici la définition qui est donnée dans les Upanishads du mot *sat*, « réel » :

> *« La réalité est ce qui est immuable. Elle existe éternellement et n'est soumise à aucun changement. »*

Dans notre expérience, il n'y a absolument rien d'immuable à une exception près, et cette exception est au cœur de toute cette discussion. C'est aussi ce que nous ne voyons pas la plupart du temps, parce ce que c'est ce qui est le plus évident.

Pour comprendre de quoi il s'agit, inutile de regarder à l'extérieur de soi. Il n'existe rien d'immuable à l'extérieur. Mère Nature est en constant changement. En fait, *prakriti*, le mot sanscrit qui désigne la Nature, signifie :

« Ce qui change, ce qui est en constante transformation ».

A l'extérieur, nous ne trouverons rien qui échappe au changement. Alors où chercher ? Où chercher « *sat* », la réalité ? A l'intérieur de nous ! Qu'y a-t-il donc à l'intérieur de nous qui ne change pas ? Essayez d'analyser votre expérience quotidienne.

Les Upanishads disent que nous passons chaque jour par trois états différents. Lesquels ? La veille, le sommeil et le rêve. Vous êtes conscient de l'état d'éveil, des rêves et aussi du sommeil profond, même si, quand vous y êtes plongé vous n'êtes pas capable de l'exprimer. Dans le sommeil sans rêves, il y a une certaine conscience, une certaine forme d'ex-périence. Sinon, personne ne dirait qu'il a bien dormi. On dirait : « Eh bien, j'ai rêvé et ensuite, je ne sais pas ce qui s'est passé. » Nous savons donc ce qui s'est passé dans le sommeil profond : nous faisons une expérience subtile de paix, de repos et de béatitude. « Cela » qui est le témoin de ces trois états en constant changement, c'est la réalité.

La réalité n'est pas quelque chose de très éloigné ni un être séparé de nous. C'est la conscience immuable qui est « nous ». Mais nous passons toujours à côté. Nous nous préoccupons constamment des images et jamais de l'ob-servateur. Nous sommes absorbés par les scènes qui défilent et nous ne voyons pas l'écran sur lequel elles sont projetées. Quand vous allez au cinéma ou regardez la télévision, l'écran est essentiel car sans lui, il n'y aurait pas d'image. Et aucun des événements du film ne l'affecte : incendie, inondations, coups de feu ou autre. De même, sans conscience, il n'y a pas d'expérience et bien que les événements se produisent, ils n'affectent pas réellement la conscience. Rien ne peut la détruire, rien ne peut y introduire un changement. Les choses peuvent affecter le mental, l'instrument de la connaissance, mais pas la conscience elle-même.

Cette conscience est ce qu'il y a de réel en nous. Ce qui est irréel et changeant, c'est notre expérience : la veille, le rêve, le sommeil profond et le monde. Amma nous conseille donc de ne pas oublier que le monde est irréel, ainsi, nous n'y accorderons pas trop d'importance. Si nous souffrons, c'est parce que nous accordons trop d'importance, trop de réalité au monde.

L'histoire de « tout passe »

Un des moyens de développer ce sentiment, c'est de penser : « Tout passe ; tout cela passera, rien n'est éternel. » Il y a une histoire à ce sujet. Il était une fois un marchand qui voulait que son fils fasse ses études à l'étranger et y trouve un bon emploi. Au moment du départ, il donna à son fils une bague de diamants et lui dit : « Mon fils, prends cet anneau. Je ne sais pas si je te reverrai un jour parce que je suis déjà vieux, mais si jamais tu souffres dans ton cœur, va dans un coin, enlève cet anneau, joue avec, lance-le en l'air et rattrape-le, en te souvenant de toute l'affection et la sollicitude que j'ai eues pour toi. C'est en témoignage de cet amour que je te le donne. Donc, si tu traverses un mauvais moment, va dans un coin et joue avec. » Le fils pensa : « Comme le conseil de mon père est étrange ; mais par respect pour lui, je porterai cet anneau et suivrai son conseil. »

Il partit donc faire ses études à l'étranger. Il décrocha un bon emploi et devint un homme d'affaires prospère. Malheureusement, tout alla ensuite de travers. Il fit de son mieux pour relancer son affaire, sans succès. Il était gravement endetté et avait trop honte pour demander de l'aide à son père. Ne trouvant pas de solution à son problème, il décida de se suicider.

Il voulait simplement mettre fin à sa souffrance. Il monta sur un pont et s'apprêtait à sauter, quand il vit l'anneau qu'il portait au doigt. Il se souvint : « Oh, mon père m'a dit de l'enlever et de jouer un peu avec si j'étais tourmenté. Comme ce sont de toutes façons mes derniers moments, par respect pour lui, je vais le faire. »

Il descendit donc du pont et s'assit sous un réverbère. Il enleva l'anneau et se mit à jouer avec. Et tout en jouant, il remarqua une inscription gravée à l'intérieur. Il regarda attentivement et lut : « Tout cela passera » Puis il se mit à réfléchir. « Tout cela passera. C'est vrai ! Tout cela passera. Même la terrible situation dans laquelle je me trouve, ma misère et ma souffrance, tout cela va passer. » Et plus il y réfléchissait, plus il se jugeait stupide de vouloir échapper à la situation plutôt que d'essayer de la résoudre.

Il monta dans sa voiture, rentra chez lui et réfléchit profondément pour découvrir comment il en était arrivé là et il trouva une solution. Ensuite, son affaire repartit peu à peu et tout se rétablit. Ce n'est pas pour autant qu'il oubliait l'inscription de l'anneau : « Tout cela passera. » Cela concerne aussi les choses agréables. Il ne se réjouissait donc pas à l'excès de sa prospérité. Il n'était pas non plus déprimé par crainte de la pauvreté. Voilà donc une attitude que nous pouvons cultiver afin de garder un mental calme : ne pas accorder trop de réalité aux circonstances changeantes de la vie et penser que « Tout cela passera. »

« Ne gaspillez pas votre temps ; n'oubliez pas le but de votre venue en ce monde. Essayez de rester conscient de l'atma à chaque instant. »

La plupart d'entre nous s'occupent toute leur vie de choses qui n'ont rien avoir avec le but de la vie humaine. Les Ecritures nous disent que seul un être humain peut atteindre le but de l'existence, la réalisation du Soi. Les animaux et les plantes peuvent y accéder par la grâce divine ou celle d'un *guru*, mais pas par un effort délibéré. ils sont complètement conditionnés par leur nature animale, tandis que les êtres humains, eux, peuvent progresser, purifier leur mental, méditer, pratiquer différentes disciplines spirituelles et obtenir la vision de Dieu, la réalisation du Soi. C'est le point culmi-nant de l'évolution spirituelle. Mais Amma nous dit ici que la plupart des êtres humains se contentent de mener une vie ordinaire, tournée vers les plaisirs du monde, au lieu de chercher à s'élever. Ils ne jouent que de la musique ordinaire, pourrait-on dire.

L'histoire du maître organiste

Il y avait dans une église un orgue dont personne n'avait le droit de jouer, à l'exception de l'organiste titulaire. Un vieil homme entra un jour dans l'église. La messe terminée, au moment où tout le monde sortait, il demanda s'il pouvait jouer de l'orgue. Les responsables de l'église répondirent : « Il n'en est pas question. Seul le titulaire est autorisé à en jouer. » Il se cacha dans un coin et quand presque tout le monde fut sortit, il grimpa les escaliers en courant jusqu'à l'orgue et se mit à jouer. La musique était divine. Tout le monde revint s'asseoir. Ils écoutèrent sa musique pendant une heure. Bien qu'il eût l'allure d'un pauvre hère, c'était lui qui avait fabriqué cet orgue

Il en va de même pour nous, nous n'autorisons pas le Créateur à utiliser notre personne pour jouer sa divine musique, car notre corps et notre esprit sont trop occupés par les affaires ordinaires du quotidien. Essayons d'être un orgue entre les mains du

Créateur, d'être son instrument. Le facteur de l'orgue, l'inventeur du corps, c'est Dieu. Alors, une belle musique sortira de nous.

> *« Bénie sera cette vie humaine si nous apprenons la technique de méditation qui consiste à chanter le nom divin et le mantra du Seigneur ; nous serons ainsi guéris de la maladie de l'attraction et de la répulsion. »*

Lorsque nous parlons des efforts à fournir pour réaliser le Soi, nous avons beau jeu de dire que nous devrions être établis dans le Soi, considérer le monde comme irréel, ne pas éprouver trop d'attirance ni de répulsion envers quoi que soit et garder un mental serein. Mais quand nous sommes confrontés aux circonstances, nous oublions tout. Vous connaissez peut-être l'histoire du perroquet qu'un prêtre gardait en cage. Ce perroquet ne cessait de répéter : « Rama, Rama, Rama, » parce le *pujari*, lui, disait constamment « Rama, Rama, Rama ». Mais un chat réussit un jour à ouvrir la porte de la cage et à y entrer. Comme il essayait d'attraper l'oiseau, celui-ci se mit à crier : « Ar, ar, ar, ar, ! » Il oublia Rama, et sa nature première reprit le dessus.

De même, nous pensons à *bhakti, jnana*, à la vie spirituelle et puis la moindre vétille, la moindre cause de souci emportent notre *jnana*, notre *bhakti*, notre détachement, notre foi. A tort, certes, mais c'est ce qui arrive. Amma nous donne ici une solution pratique. Nous pouvons toujours nous raccrocher au nom de Dieu et faire *mantra japa*. Le principe est le suivant : le mental est toujours occupé à penser. Constamment. Il ne s'arrête qu'à deux occasions : après la satisfaction d'un désir ou lors du sommeil profond.

Utilise le mental agité pour faire japa

C'est ce mental agité qui nous empêche de voir Dieu en tout, de réaliser le Soi. C'est lui aussi qui nous rend triste. Amma dit qu'un mental calme permet d'atteindre la vision de Dieu. Comment calmer le mental ? C'est le cœur de notre sujet. Selon Amma, la méthode pratique consiste à donner au mental *une* seule pensée, au lieu de le laisser courir et vagabonder constamment d'une pensée à l'autre. Alors, peu à peu, il se fixera sur cette pensée unique. Par la concentration, il sera capable de résister à toutes les autres.

Dans le langage courant, avoir un mental fort signifie être doté d'une grande capacité intellectuelle. Mais dans la vie spirituelle, un mental fort est un mental capable de résister aux pensées. Il y a une grande différence. Le moyen d'y parvenir, c'est d'utiliser l'aptitude innée du mental à penser tout en concentrant son activité sur une seule chose. Alors le mental devient de plus en plus calme et peu à peu, la présence de Dieu ou de l'*atma* se reflète dans ce mental apaisé.

Exemples de grands dévots

Cela ne signifie pas que la dévotion soit inutile. La dévotion est indispensable pour pratiquer le *japa* avec cette intensité. Vous avez peut-être entendu parler de Narada Maharishi et des Narada bhakti sutras. C'est un ouvrage très célèbre qui traite de la dévotion, et il est très intéressant de savoir comment Narada a écrit ce livre, parce qu'il était auparavant un *jnana yogi*. Il aimait la voie de *jnana*, la voie de la connaissance, dans laquelle on s'accroche toujours au sentiment « je suis » pour garder le mental concentré sur le Soi.

Narada s'étonnait de voir que Bhagavan Krishna avait une affection extrême pour les *gopis* de Brindavan. « Mais qu'ont-elles de si spécial, ces gopis ? Après tout, elles ne font que répéter constamment le nom de Krishna. » Elles marchaient dans les rues, vendant du lait, du yaourt et du beurre clarifié mais au lieu de crier : « lait », « yaourt », « beurre clarifié », elles criaient : « Krishna », « Narayana » et « Madhava ». Elles oubliaient ce qu'elles étaient en train de faire et répétaient constamment le nom divin.

Quand Narada vint à Brindavan, elles reconnurent toutes en lui le grand *devarishi* Narada. Elles se prosternèrent devant lui, firent une *puja* en son honneur et lui témoignèrent un immense respect. Il se mit à leur parler de la voie de la Connaissance. « Vous devriez toutes suivre la voie de la connaissance. Votre dévotion est arrivée à maturité, vous êtes prêtes pour la réalisation suprême du Soi. » Elles répondirent : « Narada, nous ne voulons pas entendre parler de la voie de la Connaissance. Celle de la dévotion nous suffit. Nous n'avons pas besoin de votre Connaissance. Rama, Krishna, Hari, Govinda, cela nous suffit. » Il passa quelques jours à observer leur vie quotidienne. Elles étaient remplies du nom de Dieu. Jamais leur mental ne s'en écartait un seul instant. Il fut si impressionné par ce spectacle qu'il décida d'écrire un livre intitulé Bhakti sutras, qui traite de la grandeur de la dévotion. C'est un des classiques du genre.

Les *gopis* parvinrent donc à réaliser le Soi grâce au *japa*. Amma nous incite à répéter le *mantra* jusqu'à ce qu'il n'y ait plus rien d'autre en nous, plus aucune autre pensée. Certains demandent : « J'ai un *mantra* d'Amma. Combien de fois dois-je le répéter ? » Il ne s'agit pas de fixer un nombre. Il n'y a pas de limite ; nous devrions le répéter si possible en permanence. Ce devrait être la dernière pensée au moment de s'endormir et la première au réveil. C'est le *mantra* que nous devrions avoir sur les lèvres au moment de quitter le corps.

Rama et Lakshmana se trouvaient au bord d'un lac quand ils virent un corbeau qui plongeait son bec dans le lac, mais le retirait aussitôt sans boire. Il répétait ce manège, sans arriver à boire. Lakshmana demanda à Rama : « Mais qu'a donc ce corbeau ? » Rama répondit : « C'est l'un de mes plus grands dévots. » « Qu'a-t-il de si spécial ? » « Ne vois-tu pas qu'il répète mon nom constamment, bien qu'il meure de soif ? Quand il approche de l'eau, il se dit : « Si je bois, il faudra que j'arrête de répéter le nom divin et je manquerai un *mantra*. » Alors il choisit de ne pas boire. Et cela fait des jours qu'il lui est impossible d'avaler une goutte d'eau. » Pratiquons le *mantra japa* avec la même intensité pour en être imprégnés. Cela ne signifie pas que nous devons arrêter de boire et de manger. Mais je pense que vous avez saisi l'idée.

> *« Si le mental est dénué de renoncement, maya nous fera subir de grandes souffrances. Parce que le désir engendre la souffrance. Tant que nous sommes sous son emprise, nous courons à notre perte. »*

Si le mental est incapable de renoncer au désir, nous aurons de graves ennuis, nous qui vivons dans ce monde de *maya*. Amma ne dit pas de renoncer à tout. Ce serait impossible à la plupart d'entre nous. Certains des grands sages d'aujourd'hui vivent dans le monde et il en allait également ainsi autrefois. En vérité, nous vivons tous dans le monde à un certain degré, sinon, nous ne serions pas ici. Le renon-cement, c'est l'absence de désir, quel que soit notre mode de vie ou le lieu où nous vivons. Peut-être est-ce notre destinée d'agir dans le monde.

> *« Mes enfants chéris, rappelez-vous toujours dans votre cœur que Dieu est amour. En méditant sur cette Incarnation de l'Amour, vous deviendrez vous aussi l'amour personnifié. »*

Nous devenons pareils à l'objet de notre méditation

Le Mahabharata, c'est l'histoire de la lutte entre le bien et le mal. L'un des personnages principaux, Duryodhana, persécute ses innocents cousins toute sa vie, jusqu'à la mort. Il ne fait que de mauvaises actions. Mais il n'était peut-être pas mauvais à la naissance. Malheureusement, il était en très mauvaise compagnie. Il avait un oncle, appelé Shakouni, qui selon Amma fut à l'origine du drame narré dans le Maha-bharata. Elle ne manque jamais de souligner ce point.

Nous faisons tous la même chose. Nous voulons défendre une idée. Nous nourrissons peut-être de la rancune envers quelqu'un et nous émettons une opinion au sujet de cette personne. Et le mental de notre interlocuteur s'en trouve influencé, peut-être pour le restant de ses jours. Géné-ralement, ce n'est pas le cas. Mais si quelqu'un ne cesse de vous répéter quelque chose, vous finissez par partager son opinion. Vous y croyez aussi.

L'oncle de Duryodhana lui répétait sans cesse que le trône lui revenait de droit, qu'il devait s'en emparer et tuer ses cou-sins. Il finit donc par devenir comme son oncle. Un autre exemple illustre notre propos, celui de Valmiki, qui n'était pas un homme très bon. C'était un voleur qui avait tué beaucoup de gens. Il s'attaqua un jour à des sages. J'ignore ce qu'il voulait leur dérober, car généralement, les *rishis* (sages) qui vivaient dans les forêts, ne possédaient presque rien en dehors des fruits et des racines dont ils se nour-rissaient. En tous cas, cette rencontre le transforma, au point qu'il écrivit un jour le Ramayana.

Les sages qu'il agressait lui demandèrent : « Pourquoi fais-tu cela ? » « Parce que je dois faire vivre ma famille. » « Sais-tu ce que tu encours par tes péchés, en tuant ainsi les gens ? » « Je sais, » répondit-il. « Crois-tu que ta famille partagera le prix à payer avec toi ? » « Je ne sais pas, je ne me suis jamais posé la question. » Alors ils lui suggérèrent d'aller demander aux membres de sa famille s'ils étaient prêts à partager le mauvais *karma* qu'il accumulait en tuant pour les faire vivre.

Il attacha les sages à des arbres et décida d'aller interroger sa femme et ses enfants, puis de leur rapporter la réponse. Arrivé chez lui, il demanda donc : « Savez-vous comment je subviens à vos besoins ? » « Non. » Alors il déclara : « C'est en volant et en tuant que je me suis procuré l'argent néces-saire. Etes-vous prêts à partager un peu du *karma* que j'accumule par ces actes ? » « Sûrement pas ! Jamais nous ne t'avons demandé d'agir ainsi. »

Ce fut pour lui un tel choc que sa vie en fut transformée. Il revint en courant vers les sages et tomba à leurs pieds. Il les détacha et s'exclama : « Qu'ai-je fait de ma vie ? Je n'avais jamais réfléchi à tout cela. Maintenant, sauvez-moi de mon destin ! »

Alors les *rishis* l'initièrent à un *mantra*, un *mantra* très facile : « Rama ». Il essayait de répéter « Rama », mais le mot ne sortait pas. Il était incapable de faire une chose pourtant si facile. Il avait commis tant de mauvaises actions que sa langue ne pouvait même pas répéter le nom de Dieu. Les sages lui dirent : « Bon, nous allons te donner un mantra différent : « Mara ». Mara signifie arbre. Mais si on répète : « Mara, Mara, Mara, Mara, Mara » assez longtemps, cela devient : « Rama, Rama, Rama, Rama, Rama »

Donc, sans le savoir, il répétait le nom de Rama. Il y mit beaucoup d'intensité. Ceux qui ont mené une vie intense, même mauvaise, cela ne fait rien, du moment qu'elle est intense, font des progrès spirituels rapides lorsqu'ils sentent qu'ils doivent entreprendre une démarche spirituelle et changer de vie parce que la mort les attend au coin de la rue. Alors ils sont très sérieux. Ils y mettent la même intensité qu'ils mettaient à profiter de la vie ou à faire de mauvaises actions.

L'intensité en elle-même n'est pas mauvaise. C'est même exactement ce qui est nécessaire. Valmiki avait cette sorte d'intensité. Il s'assit dans la forêt et se mit à répéter : « Mara,

Mara, Mara, Mara, Mara, Mara. » Il fit cela pendant tant d'années qu'une fourmilière s'installa autour de lui et qu'il parvint à la Connaissance divine. Il écrivit le Ramayana, l'histoire de Sita et de Rama, que nous lisons encore aujourd'hui comme si elle datait d'hier. Il était pire qu'un être ordinaire et cependant, il a réussi à développer un tel pouvoir ! C'est grâce à sa rencontre avec les sages.

Amma nous dit donc qu'en méditant sur l'Incarnation de l'amour .... nous deviendrons nous aussi l'amour person-nifié, ce qui est la nature de Dieu. Si nous pensons à Dieu sous une forme aimante et demeurons en sa compagnie autant que nous le pouvons, mentalement ou physiquement, nous deviendrons nous-mêmes cet amour. Nous avons Amma et nous n'avons donc pas besoin de chercher très loin une incarnation de l'amour. Comme le soleil émet de la lumière, Amma rayonne l'amour, rien d'autre. Ses paroles et ses actes n'ont pas d'autre motif que l'amour, le bien de l'humanité et de tous les êtres vivants.

Nous pouvons devenir comme Amma en pensant à la vie exemplaire qu'elle mène à chaque instant. Elle nous donne beaucoup d'exemples, c'est une grande chance pour nous. Nous pouvons nous y référer en cas de besoin : « Comment Amma a-t-elle agi dans telle ou telle situation ? Qu'a-t-elle dit ? Comment dois-je me comporter dans cette situation ? » Elle est le modèle, la meule contre laquelle nous polissons notre diamant jusqu'à devenir semblable à elle.

Les anecdotes qui témoignent de l'amour d'Amma sont plus belles les unes que les autres et il m'est difficile d'en sélectionner une. La nature d'Amma est essentiellement amour. Pour ma part, je pense toujours à ce qui est arrivé quand elle était jeune et que son frère et son cousin ont décidé de se débarrasser d'elle. Cet incident montre le caractère infini de son amour désintéressé. Ils l'ont enfermée dans une pièce et ont essayé de la tuer. Mais la personne qui a essayé de lui mettre le couteau sous la gorge s'est effondrée. Quelque chose s'est produit en lui à ce moment-là, quelque chose a explosé dans sa poitrine.

On l'a emmené à l'hôpital. Savez-vous ce qu'a fait Amma le lendemain ? Elle est allée le voir à l'hôpital. Ces gens avaient essayé de la tuer sans aucune raison ! Elle est donc allée voir cet homme, lui a préparé un repas et l'a nourri de ses propres mains. Elle lui caressait le front, exactement comme elle caresse le front de beaucoup d'entre nous en l'appelant « Fils »

Et que s'est-il passé ? Cet homme, qui était dur comme une pierre et sans pitié, a fondu. Il a fondu en larmes et s'est repenti de ses mauvaises pensées et de ses actions envers Amma. C'est l'œuvre de l'amour qu'elle avait répandu sur lui. Qui d'entre nous pourrait imaginer agir ainsi envers quelqu'un qui aurait essayé de le supprimer la veille ? Irions-nous le lendemain à l'hôpital nourrir cette personne et la réconforter ? Aucun être humain ne penserait à faire une chose pareille, il lui serait encore plus impossible d'obliger le mental à accomplir une telle action. Selon moi, cet incident de la vie d'Amma est celui qui révèle le mieux à quel point elle est l'Incarnation de l'amour.

Om Namah Shivaya.

Fin de la cassette 19, Face A

L'égoïsme

Nous lisons le livre Paroles d'Amma et nous en sommes au chapitre qui concerne l'égoïsme et le désir. Nous en sommes au verset 162. La raison pour laquelle Amma insiste sur tous nos défauts, c'est pour que nous puissions ensuite les reconnaître et les surmonter. Ne les ruminons pas constamment, étudions-les pour être à même de les repérer quand ils font surface et de les affronter comme Amma nous conseille de le faire.

> « Un sadhak ne devrait pas avoir la moindre trace d'égoïsme. L'égoïsme est semblable aux vers qui rongent le suc des fleurs. Si on permet aux vers de se développer, ils infesteront tout le fruit. Un tel fruit est inutile. Si on laisse grandir l'égoïsme, il détruira toutes nos qualités. »

Amma compare ici l'égoïsme aux vers qui détruisent le fruit quand il en est encore au stade de la fleur. Nous avons l'autre jour mentionné la parabole des deux cygnes. Vous vous rappelez ? Il était une fois deux cygnes qui vivaient sur le lac de Manasarova, un lac qui se trouve au Tibet. Ils vivaient dans la béatitude, puis un des deux cygnes décida de partir pour trouver un endroit où il serait plus heureux. Il quitta son ami, chercha partout et traversa bien des villes différentes et se retrouva dans une ville aux neuf portes. Vous vous rappelez cette histoire ? Elle symbolise ce qui nous est arrivé à tous il y a bien longtemps dans le passé. Nous ne savons pas quand ni comment, mais il est certain que cela nous est arrivé.

Nous étions certainement dans un état d'union avec l'Etre universel, nous étions plongés dans la béatitude. Et pour une raison quelconque, personne ne sait pourquoi, notre conscience, qui était absorbée dans sa source et remplie de béatitude, décida de chercher le bonheur à l'extérieur plutôt que de jouir de celui qu'elle connaissait à l'intérieur. En d'autres termes, notre conscience se prit d'affection pour les objets des sens, pour les affaires extérieures.

Le sens caché du Ramayana

Dans le Ramayana, Sita et Rama sont exilés dans la forêt. Sita est kidnappée par le démon Ravana et Rama part à sa recherche et la délivre. C'est en bref toute l'histoire du Ramayana. Sita vivait dans la béatitude à Ayodhya avec Rama. *Ayodhya* signifie mot à mot un endroit où il n'y a pas de *yudha*, pas de guerre, pas de conflit. Rama symbolise le *paramatma*, le cygne que nous appelons Dieu. Sita était très heureuse avec Rama ; même quand ils furent exilés par la volonté de leur belle-mère, ils étaient très heureux et Sita était parfaitement satisfaite.

Et qu'arriva-t-il ? Sita vit un jour un cerf doré. Ce n'était pas un animal ordinaire, il avait une couleur dorée. Son allure était étrange, mais il était très beau. Sita s'exclama : « Il me faut ce cerf à tout prix. » Elle oublia Rama et s'imagina qu'elle ne pourrait être heureuse sans ce cerf doré. Et aussitôt, Rama la quitta. Puis Lakshmana lui donna des conseils, lui dit d'être prudente, mais elle ne l'écoutait pas. Lakshmana représente les sages, les Ecritures ou encore le *guru*, qui lui disent : « Ne te laisse pas tromper par le cerf doré, il n'est pas ce qu'il paraît être. Tu vas avoir des ennuis ; reste avec Rama. »

Elle répondit alors : « Non, je n'écouterai pas. Tu ne sais pas ce que tu dis. Tu cherches à me nuire. » Elle envoya Rama à la recherche du cerf doré et aussitôt, Ravana entra en scène. Qui est Ravana ? C'est un démon à dix têtes. Pourquoi dix têtes ? C'est que Ravana symbolise l'ego, la personnalité qui s'identifie au corps et aux dix organes des sens, les *indriyas*. Dès que nous courons après le cerf illusoire des objets des sens si attirants, qui semblent nous promettre le bonheur, Ravana, l'ego, nous attrape. Et nous nous identifions au corps et au mental ! Et alors nous avons beaucoup d'ennuis et il nous faut des millions d'années et de naissances pour revenir à notre point de départ, à la vie pleine de béatitude que nous menions à Ayodhya avec Rama.

Qu'a fait Sita quand elle a compris ce qui était arrivé ? Elle s'est sentie coupable et a décidé : « Nuit et jour, je m'accrocherai mentalement aux pieds de Rama, jusqu'à ce que je le retrouve. Ravana aura beau me tenter, je ne lui accorderai aucune attention. » C'est l'attitude du *sadhak* idéal : quand il se rend compte que *maya* l'a trompé en l'attirant vers l'extérieur, il lui résiste fermement. Un tel *sadhak* prend alors la ferme décision : « Je ne danserai plus sur la musique de *maya*. Je m'accrocherai à Dieu jusqu'à ce que je L'atteigne. »

Ce qui est arrivé dans le passé, quand nous nous sommes tournés vers l'extérieur, est dû à *maya* ou *avidya*, l'ignorance. Il s'agit d'une seule et même chose, mais elle se manifeste sous deux aspects différents. Le premier est *avarana*, le fait de voiler. Nous oublions que nous sommes le Soi plein de béatitude, l'être immortel. Cette connaissance est voilée, nous avons la sensation : « Je suis cette personnalité limitée et ce corps physique. » Le second aspect est *vikshepa*, la distraction, la diversité ; nous oublions ce que nous sommes et nous nous laissons distraire par ce qui est devant nous. » Mais nous ne perdons pas complètement la notion de Dieu, de la Réalité. Pourquoi ? Parce que nous recherchons ce en quoi nous étions plongés auparavant, la béatitude du Soi, mais nous la cherchons à l'extérieur. Ce mouvement vers l'extérieur s'appelle *pravritti*. Il y a *pravritti* lorsqu'on s'éloigne de la source (l'évolution), et *nivritti*, le mouvement vers l'intérieur (l'involution), lorsqu'on commence à revenir vers la source. Ce sont les différentes manières de considérer le pèlerinage de l'âme.

Quand nous sommes sur la voie de *pravritti*, nous essayons de réaliser le Soi grâce aux objets des sens. Et que se passe-t-il quand nous jouissons d'un objet des sens ? Le mental s'agite. Il veut cet objet, il veut en profiter. En quand nous l'obtenons, quand le désir est satisfait, le mental est calme pendant un moment. Ce calme est la source même du mental. C'est le Soi. C'est pour obtenir ce moment de calme, de concentration et de béatitude que nous agissons, jour et nuit. Mais cette quête constante vers l'extérieur crée une sorte d'habitude. Comme nous obtenons chaque fois un aperçu du Soi, nous devenons possessifs. Si un gâteau au chocolat nous apporte du bonheur et que quelqu'un regarde notre part de gâteau, cela nous rend très possessif. Nous cachons notre morceau de gâteau, parce qu'il nous procure beaucoup de plaisir et que ce plaisir des sens est précieux. Nous avons un partenaire, quelqu'un le regarde et nous voilà jaloux, parce que notre bonheur est menacé. Il peut s'agir de n'importe quoi, de notre argent, de notre maison, etc.

Pourquoi le bonheur est-il précieux ? Parce qu'il est le reflet du Soi. Nous développons alors de l'égoïsme. Nous nous accrochons à tous ces petits moyens d'obtenir du bonheur et cela nous rend égoïstes. Amma nous dit qu'en agissant ainsi, nous ne faisons que renforcer l'illusion d'être l'ego, le corps périssable. Cette illusion se durcit et commence à nous faire du tort. Entre alors en jeu la loi de cause à effet qui gouverne le monde de l'illusion. Parfois nous sommes heureux, parfois nous sommes tristes ; parfois nous nous élevons, parfois nous descendons. Nous naissons quelquefois sous la forme d'un être humain, d'autres fois sous une autre forme.

C'est pourquoi Amma accorde tant d'importance à l'égoïsme. Bien que tous ne connaissent pas la nature de l'Etre universel, tout le monde sait intuitivement que ce qui est universel est bon et que l'égoïsme est mauvais. Si nous observons la moindre forme d'égoïsme ou de méchanceté, notre mental la condamne immédiatement. C'est une chose que nous n'aimons pas. Personne n'aime quelqu'un qui est égoïste ou méchant.

Une personne généreuse, bonne et gentille, s'intéressant aux autres, s'attire la sympathie de tous. Ces vertus reflètent le Soi dont nous avons l'intuition. Tous les êtres qui ont montré quelque grandeur sont ceux qui ont manifesté les qualités du Soi et l'essence, l'incarnation de ces vertus, nous la voyons chez un être réalisé comme Amma, dont la vie entière est consacrée aux autres ; Elle incarne l'abnégation.

Plus nous essayons de trouver le bonheur d'une manière égoïste, plus nous sommes malheureux. C'est assez étrange. Plus nous sommes égoïstes, plus nous sommes malheureux. Et pour finir nous sommes si malheureux que Dieu ou le *guru* vient nous montrer comment nous en sortir. Mais il nous faut parfois toucher le fond pour remonter.

Comment guérir de l'égoïsme ? Grâce au désintéres-sement, oui ! En donnant. Au lieu de prendre et de garder, de s'accrocher aux choses, il s'agit de donner et de partager. L'abandon de soi est une autre manière de dire la même chose.

L'histoire d'Ebeneezer Scrooge

Cela me rappelle l'histoire d'Ebeneezer Scrooge. C'était un personnage très égoïste, le pire des avares. Il avait un associé appelé Marley. C'étaient tous deux des avares invétérés. Un avare est quelqu'un qui ne veut pas rendre les autres heureux avec son argent et qui n'en profite pas non plus. Son seul bonheur est l'avarice.

Cela me rappelle l'histoire d'un autre avare qui avait enterré son or au fond de son jardin et le déterrait chaque jour à la pioche pour le plaisir de le contempler. Son bonheur était de regarder son trésor. Son manège fut un jour repéré par des voleurs qui dérobèrent le magot. Quand il creusa le lendemain, l'or avait disparu. Il se mit à pleurer et à gémir. Les voisins vinrent voir ce qui lui arrivait et quand il leur apprit le vol, ils s'exclamèrent : « Pour le bien qu'il te faisait, quelle est la différence ? ! Avant, l'or était dans le trou, maintenant il est dans la poche de quelqu'un d'autre. Tu ne t'en servais pas, alors pourquoi es-tu si désolé ? »

Donc, Scrooge et son associé Marley étaient avares, et ils étaient même méchants. Ils faisaient travailler dur leurs employés en leur donnant à peine de quoi se nourrir, en les payant trois fois rien. En Occident, Noël est une grande fête où tout le monde est censé être heureux et partager. Ils faisaient pourtant travailler leurs employés à Noël, sans leur accorder un seul jour de congé ! Un jour, Marley mourut et Scrooge reprit toute l'affaire. Il devint encore plus avare.

La veille de Noël, Scrooge alla se coucher et rêva que le mur derrière son lit s'ouvrait pour laisser entrer une espèce de monstre qui ressemblait à un être humain, un croque-mitaine vert et visqueux. Scrooge gémit de peur : « Ohhh ! Qu'est-ce que c'est ? Qui êtes vous ? » Il était terrorisé ! Alors cette chose verte lui dit : « Je suis Marley, ton associé. Et sais-tu pourquoi j'ai maintenant cette forme ? C'est parce que j'ai vécu comme tu vis maintenant ! Voilà où m'a mené l'avarice après la mort. » Puis il déclara :

« C'est le devoir et le privilège de tout être humain d'aller au devant de ses frères humains et s'il ne le fait pas tant qu'il est vivant, il est condamné à le faire après sa mort et

à contempler le bonheur qu'il aurait pu partager et qui est maintenant hors de son atteinte. »

Tout homme devrait partager et rendre les autres heureux et s'il ne peut pas le faire, il souffre après la mort. Au lieu d'être une source de bonheur pour les autres, il devient une source de malheur. Si nous ne rendons pas les autres heureux, nous serons malheureux ; si nous les rendons heureux, nous serons heureux. Tout le monde y gagne et en d'autres termes, Scrooge avait vraiment peur de devenir une espèce de masse verte après la mort.

Puis Marley disparut et un autre fantôme apparut, celui des Noëls passés. Il montra à Scrooge tous les Noëls qu'il avait vécus sans rien donner à qui que ce soit. Il avait en fait rendu tout le monde malheureux à cause de son avarice et de son égoïsme. Un autre fantôme arriva ensuite, celui des Noëls futurs. Il lui montra toutes les possibilités qu'il avait encore dans cette vie de rendre les autres heureux et d'être lui-même heureux.

Il vit un de ses employés, Bob, qu'il sous-payait et qui n'avait pas de quoi nourrir sa famille. En plus, il lui fallait travailler le jour de Noël. Il avait un petit garçon, Tim, handicapé d'une jambe, qui était sur le point de mourir de faim. On le surnommait petit Tim. Quand Scrooge se réveilla, il était très contrarié.

Il arrive qu'un rêve soit comme un *darshan*, qu'il soit réel ! Et il se peut que de mauvais rêves changent complè-tement notre vie. On peut faire aussi de bons rêves, par exemple avoir le *darshan* d'Amma ou d'une divinité, ou bien encore une expérience divine. Il existe toutes sortes de rêves que l'on ne peut pas ignorer. Ils ont un effet sur nous et ils ne proviennent pas seulement de nos souvenirs de l'état de veille. Ils nous sont envoyés par d'autres êtres, par le *guru* ou par Dieu.

Profondément transformé par cette expérience, il courut acheter une grande quantité de nourriture délicieuse et nourrissante, puis il se rendit chez Bob. Personne ne voulait lui ouvrir la porte, craignant qu'il soit venu pour les battre ou autre chose dans le genre. Mais il pleurait en les suppliant d'ouvrir, si bien qu'ils finirent par le laisser entrer. Il sortit les provisions et fit des heureux ; le petit Tim guérit grâce à cette bonne nourriture. Scrooge cessa ensuite d'être avare pour devenir un grand philanthrope.

La morale de l'histoire est la suivante : l'avarice ne fait pas le bonheur. En nous accrochant à un objet quel qu'il soit, nous avons peut-être l'illusion qu'il va nous rendre heureux, mais en réalité, il n'en va jamais ainsi. Plus nous étreignons *maya*, plus nous sommes malheureux ; plus nous nous plongeons dans l'irréel, plus nous nous éloignons de la véritable source de béatitude, qui est notre propre Soi, le Soi avec un S majuscule. Voilà l'histoire de Scrooge !

> « *Mes enfants, il y a une grande différence entre les désirs d'un sadhak et ceux d'un être qui recherche les plaisirs du monde. Chez ce dernier, les désirs se succèdent comme des vagues et le tour-mentent. Ils sont sans fin. Pour un cher-cheur spirituel, il n'y a qu'un seul désir : une fois qu'il est exaucé, le désir n'existe plus.* »

Ayez des désirs qui mènent à Dieu

Amma nous explique que la nature du mental est de désirer. Impossible de s'en débarrasser ; le mental aura toujours des désirs. Pourquoi ? Parce que dès qu'il y a une séparation entre le Soi et le mental, ce manque, ce désir de bonheur surgit. Il existe chez les enfants, chez les adultes, chez les animaux, chez les plantes, chez tous les êtres vivants. Impossible de se débarrasser du désir. Mais ce n'est pas nécessaire et il ne faut pas toujours insister sur le côté négatif. Amma dit qu'un *sadhak* a lui aussi des désirs, il n'y a rien de mal à cela. Mais quel genre de désirs ? Si nous souhaitons nous libérer de cette illusion, de cette chose importune qu'est le désir, utilisons-le comme il convient. Désirons quelque chose qui nous apportera la satisfaction quand nous l'obtiendrons.

Si j'ai une chemise neuve ou une nouvelle paire de chaussures, cela me rend heureux un moment, puis ce bonheur passe, je m'ennuie et je veux encore du nouveau. Cela vaut pour la nourriture, cela vaut pour tout. Il n'y a donc pas de fin à ce processus parce que nos désirs sont sans fin. Nous avons des désirs infinis, notre soif de bonheur est infinie. Mais les objets ne nous comblent pas. Le désir est un puits sans fond. Nous y jetons des objets et pendant un moment, nous avons l'impression que tout va bien. Puis le désir nous tourmente à nouveau. Mieux vaut donc désirer quelque chose qui pourrait combler ce puits.

Qu'est-ce qui peut combler un puits infini ? L'infini. Il nous faut combler ce trou infini avec quelque chose de tout aussi infini et alors nos tourments prendront fin. Il n'y a que *Brahman*, Dieu, Amma, quel que soit le nom que vous donnez à cet être, pour combler le désir. Si vous y réfléchissez, il n'y a pas d'autre solution. Mais ne soyez pas découragé. Vous pouvez quand même continuer à mener votre vie quotidienne.

L'autre jour, quelqu'un m'a dit après une discussion comme celle-ci sur le Védanta : « Eh bien, cela change complètement ma vision de la vie ! » Je lui ai dit : « Vous pouvez continuer à vivre votre vie, avoir des désirs et les satisfaire tant que vous voulez, mais rappelez-vous cette vérité. » Ne vous plongez pas dans les plaisirs avec autant d'enthousiasme. Modérez votre ardeur en vous rappelant que vous aurez beau profiter de toutes ces choses, vous ne serez jamais comblé. Seul l'infini, l'éternel peut vous combler.

Comment reconnaître ce qui est infini et éternel ? Nous en avons entendu parler, c'est tout. Suffit-il que certains livres affirment qu'il existe un être infini pour que nous y croyions ?

Vais-je renoncer à tous les plaisirs des sens sur les conseils d'un livre ? Non. Ce n'est pas nécessaire. Mais qu'en est-il des sages qui ont cette expérience ? Tous les sages et les saints dont l'histoire nous parle et tous ceux qui aujourd'hui, connaissent la béatitude suprême de la sagesse divine, de l'union divine, de la réalisation du Soi ? Ils font autorité. Il nous faut fonder nos actions sur leurs paroles. Amma nous dit que la vraie béatitude se trouve en Dieu, c'est la béatitude de la vision de Dieu.

Désirez cette vision ; d'autres désirs, moindres, naîtront peut-être en vous, les désirs d'un *sadhak* auxquels Amma fait ici référence. Beaucoup d'entre nous font par exemple des *pujas* ; cela fait partie de notre *sadhana*. Si en marchant dans la rue nous apercevons de belles fleurs dans un jardin et qu'elles éveillent notre désir, il n'y a rien de mal à demander au propriétaire ou bien, mieux encore, à cultiver nos propres fleurs pour les offrir lors de la *puja*. C'est un désir, mais il n'est pas mauvais parce qu'il ne fait que renforcer le grand désir de réaliser Dieu. Ou bien vous avez peut-être envie d'aller en pèlerinage, de visiter un lieu saint, de rendre visite à un sage, d'acheter un livre spirituel ou de le lire. Ce sont des désirs, mais ils n'ont rien de mauvais, parce qu'ils vous aident à vous rapprocher de la Vérité, à réaliser Dieu, ce qui vous apportera le contentement suprême.

Voilà ce qu'Amma entend quand Elle fait la différence entre le désir ordinaire et celui d'un *sadhak*. Quand ce dernier est satisfait, il n'y a plus de désirs. Une fois que nous avons réalisé Dieu, que nous avons obtenu l'union avec Dieu, alors nous sommes remplis. Il n'y a plus de désir. C'est la perfection, le contentement absolu, la libération.

« L'égoïsme d'un chercheur spirituel bénéficie au monde entier. Il était une fois dans un village deux garçons, qui reçurent chacun une graine, cadeau d'un sannyasi. Le premier garçon fit griller la graine et la mangea pour apaiser

sa faim. Le second la sema et récolta de nombreux grains qu'il distribua aux autres. Mes enfants, bien que les deux garçons aient accepté la graine par égoïsme, l'égoïsme du second profita à beaucoup d'autres. »

Que dit Amma ? Tout le monde a des désirs et accepte la grâce de Dieu sous des formes variées, mais certains ne satisfont que leurs propres désirs alors que d'autres utilisent la grâce pour prospérer spirituellement ou même maté-riellement. Alors en dehors du petit cercle qui se réduit à nous-mêmes et à notre famille, ils rendent tous les autres heureux. Un vrai *sannyasi* est une bénédiction pour le monde entier. Il ne possède rien et ne désire rien pour lui-même, sinon Dieu. Dans ce processus il devient si désintéressé qu'il est ensuite une source de bonheur pour tous.

« Il n'existe qu'un seul atman, présent en tout. Quand notre esprit s'ouvre, nous pouvons nous fondre en lui. Il n'y aura plus alors en nous ni ego, ni égoïsme. Tout devient égal à nos yeux. Mes enfants, sans perdre un seul instant, servez les autres, aidez les malheureux. Servez les autres sans rien attendre d'eux. »

Un seul Etre est présent dans l'univers, le *Paramatma* ; chacun de nous est une vague de cet océan. Nous ne sommes pas réels. Notre existence est passagère. Mais ce qui est réel en nous est éternel. C'est la conscience, l'Etre universel. Plus nous insistons sur notre individualité, plus nous nous éloignons de cette vérité. Si une vague veut devenir éternelle, il lui faut descendre et plonger dans l'océan. Elle devient alors l'océan. Elle ne cesse pas d'exister, elle grandit jusqu'à devenir infinie. L'océan a toujours été son substrat et en dehors de lui, elle n'a pas d'existence. Mais tant qu'elle lève la tête au-dessus de l'eau, elle reste une vague, qui se heurte ici ou là avant de finalement disparaître. Si la vague se retire, il ne reste que l'océan. Amma nous dit qu'en nous débarrassant de l'égoïsme et de l'ego, on peut être vraiment heureux et qu'un des moyens d'y parvenir, c'est d'ouvrir son esprit et de servir les autres. C'est la partie pratique de l'enseignement d'Amma. Servez les autres, surtout ceux qui sont vraiment dans le besoin, spirituellement ou matériellement. Nous devrions être utiles aux autres.

Les aspirants spirituels pratiquent parfois le renoncement pour résoudre le problème de la quête du bonheur. Ils quittent tout et méditent ou font d'autres sortes de pratiques spirituelles. C'est bien, au sens où cela prend en compte la moitié de la question, qui est la distraction. Mais la plupart d'entre eux ne traitent pas l'autre moitié, l'ego. Ils ne réussissent donc pas leur vie spirituelle. A moins qu'ils ne vivent avec un *guru*, un maître réalisé, qui détruise leur fierté et leur égoïsme, ils ne vont pas très loin. Mais il y a eu des *sadhaks* qui, ayant compris l'importance du désintéressement, ont réussi, comme Eknath par exemple.

Comment Eknath sauva la vie d'un âne

Eknath voulut un jour faire un pèlerinage traditionnel. Il s'agissait d'aller jusqu'à Bénarès, de prendre de l'eau du Gange dans un pot et de la rapporter jusqu'à Rameshwaram, c'est-à-dire jusqu'à la pointe sud de l'Inde. Combien de kilomètres ? Peut-être trois mille ! Il n'y avait pratiquement pas de routes. A l'époque, il y avait d'épaisses forêts remplies de tigres et d'autres prédateurs. Il n'y avait pas de restaurants pour se nourrir. Il y avait parfois des endroits dans les villages où les pèlerins pouvaient obtenir quelque chose à manger, parfois il n'y avait rien. Vous étiez vraiment à la merci de Dieu.

Sa foi était grande et l'idée de porter l'eau sacrée du Gange pendant des milliers de kilomètres et de la verser sur le Shivalingam à Rameshwaram le ravissait. La pensée du contentement qu'il éprouverait lui donna la force et l'en-thousiasme nécessaires. Il alla donc à Bénarès, recueillit de l'eau et commença son voyage. Il lui fallut des mois. Il arriva enfin à Rameshwaram et à environ un kilomètre du temple, qu'arriva-t-il ? C'est un endroit où il fait très chaud, surtout à cette saison. Un âne gisait sur le bord de la route, la langue pendante, mourant de soif. Sans la moindre hésitation, il prit le pot, s'assit près de l'âne et lui versa toute l'eau dans la bouche. A ce moment-là, il ressentit le bonheur qu'il espérait obtenir en versant l'eau sur le Shivalingam. Il sauva la vie de l'âne. Il vit Dieu en l'âne.

Jamais il ne considéra la dévotion envers Dieu comme supérieure à la dévotion envers les êtres qui souffrent. Intuitivement, il faisait toujours le bon choix. C'est ce que dit Amma : il est important de partager, de ne pas se montrer égoïste. Regardez la vie d'Amma. C'est ce qu'elle fait depuis le début. Sa vie est un partage constant ! Ce ne sont pas seulement des paroles, c'est un véritable enseignement pratique.

Om Namah Shivayah

Fin de la cassette 19, face B

www.ingramcontent.com/pod-product-compliance
Lightning Source LLC
LaVergne TN
LVHW051733080426
835511LV00018B/3027